Leslea Carter/Jenny Nitert

Schikane unter Schülern – nein danke!

Bullying – ein Anti-Gewalt-Programm für die Schule

1./2. Jahrgangsstufe

Persen Verlag

Originaltitel: Leslea Carter/Jenny Nitert: Bullying. Identify – Cope – Prevent. Lower primary.
RIC Publications 2002

Gedruckt auf umweltbewusst gefertigtem, chlorfrei gebleichtem
und alterungsbeständigem Papier.

1. Auflage 2005
© Persen Verlag GmbH, Horneburg
Alle Rechte vorbehalten
Das Werk und seine Teile sind urheberrechtlich geschützt. Jede Nutzung in anderen als den
gesetzlich zugelassenen Fällen bedarf der vorherigen schriftlichen Einwilligung des Verlages.
Hinweis zu § 52a UrhG: Weder das Werk noch seine Teile dürfen ohne eine solche
Einwilligung eingescannt und in ein Netzwerk eingestellt werden. Dies gilt auch für Intranets
von Schulen und sonstigen Bildungseinrichtungen.
Gesamtherstellung: Ludwig Auer GmbH, Donauwörth
ISBN 3-8344-**3646**-1

Vorwort

Das System der Schikane ist von einigen Kommentatoren mit den Zivilisationskrankheiten der modernen Gesellschaft, also Erkrankungen durch Übergewicht und Rauchen, Herzkrankheiten und sogar Hautkrebs, verglichen worden. Die Ähnlichkeit besteht darin, dass in einer Mehrzahl der Fälle angemessene und geeignete Präventionsmaßnahmen das Auftreten dieser Erscheinungen gänzlich verhindern können. Viel zu oft erkennt man schikanierendes Verhalten erst als Problem, wenn es sich bemerkbar macht, anstatt seiner Entstehung vorzubeugen.

Schikanen sind ein komplexes Phänomen. Es erfordert eine langfristig angelegte Erziehung der Schüler hin zur Ausbildung von Fertigkeiten und Strategien, die es ihnen möglich machen sollen, schikanierendes Verhalten zu ERKENNEN, es zu BEWÄLTIGEN und letztendlich zu VERHINDERN.

Diese Reihe bietet entwicklungsfördernde Aktivitäten, die positive Verhaltensweisen bei Schülern unterstützen und der Entstehung verletzenden, schikanierenden Verhaltens vorbeugen sollen.

Inhalt

Vorwort 3	Was mich wütend macht 40
Anmerkungen für die Lehrkraft 4	Was soll ich machen, wenn ich wütend bin? . . 42
Ich habe ein Problem 8	
Ich habe jemandem wehgetan 9	**Wie fühlt sich jemand, der schikaniert wird?** . . 44
Was ist vorgefallen? 10	Jeder sollte sich sicher fühlen können 44
Muster für einen Elternbrief 11	Im Sandkasten 46
Anerkennungsurkunden 12	Schikanen können einem Kummer machen . 48
	Wie fühlst du dich dabei? 50
Was ist Schikanieren? 13	
Die drei kleinen Schweinchen 13	**Was können wir tun?** 52
Auf dem Spielplatz 16	Probleme, die ich lösen kann 52
In der Pause 20	Was kann ich tun, wenn ich schikaniert
Darf ich mitmachen? 24	werde? 54
Was läuft hier verkehrt? 28	Sich an die Lehrkraft wenden 56
Wie sieht jemand aus, der schikaniert? 32	Anderen helfen 58
	Wir sind alle verschieden 60
Warum schikaniert jemand einen anderen? . 34	Reden und zuhören 62
Warum schikaniert jemand andere? 34	Regeln aufstellen 64
Wie benimmt sich einer, der andere	Sich austauschen und die Reihenfolge
schikaniert? 36	einhalten 66
Wie fühlt sich jemand, der andere	Ein guter Freund sein 68
schikaniert? 38	Anderen einen Gefallen tun 70

Anmerkungen für die Lehrkraft

Zu jedem Arbeitsblatt gibt es eine Lehrerseite mit den folgenden Informationen:

Angaben zu **Lernzielen** erklären, was von den Schülern beim Bearbeiten der Aufgaben erwartet wird.

Hintergrundinformationen liefern dem Lehrer detaillierte Zusatzinformationen zur Ergänzung der Arbeitsblätter.

Wissen Sie, dass …? ist eine Sammlung von wissenswerten Aspekten zum System der Schikane.

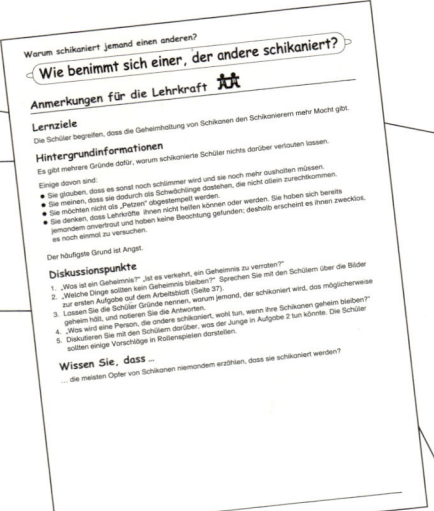

Die folgenden **Bildsymbole** geben den Schwerpunkt jeder Lernaktivität an; jede Aktivität kann auch mehr als einen Schwerpunkt haben:

E: Übungen, die den Schülern helfen, schikanierendes Verhalten und die Gründe für schikanierendes Verhalten zu **erkennen**.

B: Übungen, die den Schülern zeigen, wie sie schikanierendes Verhalten **bewältigen** können.

V: Übungen, mit deren Hilfe Schüler lernen, schikanierendes Verhalten bei sich und/oder anderen zu **verhindern**.

Diskussionspunkte sollen Anregungen zur näheren Beschäftigung mit den Themen der Lernaktivitäten geben.

Das Buch ist in vier Abschnitte gegliedert:

Was ist Schikanieren? (S. 13–33)

Die Übungen in diesem Abschnitt geben den Schülern die Gelegenheit zu erkennen, was Schikane bedeutet und welche Formen sie annehmen kann. Die Begriffe „schikanieren" und „Schikane" wurden gewählt, weil sie alle an Schulen vorkommenden Formen von Gewalt, also körperlicher, verbaler und sozialer Art, abdecken. Da aber wahrscheinlich jüngere Schüler noch wenig damit vertraut sind, geben Sie den Kindern einige Situationen vor, die verletzendes und ausgrenzendes Verhalten beschreiben. Die Kinder sollen dieses Verhalten mit dem Begriff „Schikane" in Verbindung bringen.

Wir verstehen unter Schikanieren:

- Absichtlich verletzendes Verhalten (körperlich oder psychologisch)
- Ein immer wiederkehrendes, negatives Verhalten über einen gewissen Zeitraum hinweg
- Ein Verhalten, das es der Person, gegen die es gerichtet ist, schwer macht, sich zu wehren, da das „Opfer" körperlich oder seelisch schwächer als der „Täter" ist.

Schikanieren kann drei verschiedene Formen annehmen:

1. **Körperlich**: schlagen, boxen, schubsen, zwicken, den Fuß stellen, anspucken, kratzen, Besitzstücke anderer beschädigen, verstecken oder stehlen, jemanden mit Gegenständen bewerfen oder jemanden ein- bzw. aussperren.
2. **Verbal**: jemandem Spottnamen geben, über jemanden beleidigende Bemerkungen machen, jemanden verspotten, hänseln oder verletzend behandeln.
3. **Emotional**: Gerüchte verbreiten, über jemanden tratschen oder ihn in Verlegenheit bringen, sich über jemanden lustig machen, jemanden durch drohende Blicke oder Gesten einschüchtern, jemanden aus der Gruppe ausschließen oder damit drohen, jemanden ignorieren, ächten oder anderen entfremden.

Anmerkung: In allen drei Bänden liegt das Augenmerk mehr auf dem Verhalten als auf der Person des Täters. Kinder sollen nicht als „Schikanierer" abgestempelt werden, sondern sie werden als „Personen, die andere schikanieren" bezeichnet.

Warum schikaniert jemand einen anderen? (S. 34–43)

Dafür, dass Leute andere schikanieren, gibt es eine Vielzahl von Gründen. Dazu gehören: sich aus der Gemeinschaft ausgeschlossen fühlen, sich selbst nicht mögen, unter Gruppenzwang handeln, sich produzieren wollen, ärgerlich oder wütend sein oder befürchten, selbst schikaniert zu werden. Das liegt aber nicht immer an einem niedrigen Selbstwertgefühl oder einem Gefühl der Schutzlosigkeit; es kann durchaus das Gegenteil der Fall sein. Allerdings besitzen die meisten Leute, die andere schikanieren, einen Mangel an Einfühlungsvermögen, der seine Ursache in einer schlechten häuslichen Erziehung,

Anmerkungen für die Lehrkraft

dem Fehlen guter Rollenmodelle oder einer Charaktereigenschaft haben kann, die in eine positive Richtung gelenkt werden muss.
In diesem Abschnitt werden die Schüler dazu angeleitet, Situationen zu untersuchen und zu diskutieren, in denen schikaniert wird, und über mögliche Ursachen dafür nachzudenken. Ferner finden Sie darin Lernaktivitäten, die den Schülern beim Umgang mit Wut helfen sollen. Außerdem lernen die Schüler, dass Leute, die andere schikanieren, in Aussehen und Herkunft ganz verschieden sein können.

Wie fühlt sich jemand, der schikaniert wird? (S. 44–51)

Die Übungen in diesem Abschnitt machen den Schülern deutlich, wie wichtig es ist, die Meinungen und Gefühle anderer zu respektieren. Dazu müssen sie sich in Personen, die schikaniert werden oder selbst schikanieren, hineinversetzen. Sie werden ermutigt, sich in andere einzufühlen, die eigenen Gefühle zu verstehen und mit ihnen zurechtzukommen. Auch die „Clique", die schikanierendes Verhalten unterstützt und verstärkt, soll dahin gebracht werden, im Sinne der Empathie mit den Opfern der Schikane mitzufühlen.

Diese Vorgehensweise hat unter anderem folgende Vorteile:

- Jeder Schüler bekommt eine klare Vorstellung davon, was Schikane bedeutet.
- Das Hauptaugenmerk liegt auf der Suche nach einer Lösung und nicht darauf, einen Schuldigen zu finden.
- Die schikanierte Person kann ihre Gefühle mitteilen und in der Situation aktiv handeln.
- Wenn sich die Umstehenden in der Situation in die schikanierte Person hineinversetzen können, verändert sich die Dynamik des Geschehens.
- Viele Fälle von Schikanen beruhen darauf, dass nichts davon nach außen dringt. Wenn aber jeder Bescheid weiß, wird es schwieriger, sie aufrechtzuerhalten.
- Das Wissen um die Gefühle aller Beteiligten kann dazu beitragen, Ansätze für die Vermeidung möglicher schikanierender Situationen zu finden.

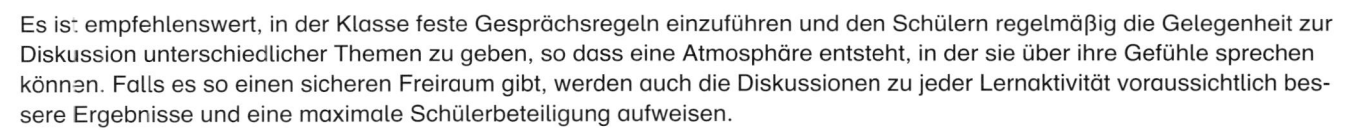

Es ist empfehlenswert, in der Klasse feste Gesprächsregeln einzuführen und den Schülern regelmäßig die Gelegenheit zur Diskussion unterschiedlicher Themen zu geben, so dass eine Atmosphäre entsteht, in der sie über ihre Gefühle sprechen können. Falls es so einen sicheren Freiraum gibt, werden auch die Diskussionen zu jeder Lernaktivität voraussichtlich bessere Ergebnisse und eine maximale Schülerbeteiligung aufweisen.

Was können wir tun? (S. 52–71)

Dieser Abschnitt des Buchs beinhaltet verschiedene Strategien, die den Schülern helfen, schikanierendes Verhalten zu bewältigen und es zu verhindern. Die Übungen sollen eine Schulatmosphäre schaffen, in dem schikanierendes Verhalten offen angesprochen und als unakzeptabel angesehen wird. Die Schüler erhalten die Gelegenheit, über Toleranz und Freundschaft zu diskutieren und Strategien zu lernen, die Kommunikation, Problemlösung und Streitschlichtung fördern. Schüler mit selbstsicherem Auftreten, die über ihre Gefühle sprechen können, entwickeln eine höhere Selbstachtung und werden wahrscheinlich seltener Opfer von Schikanen oder werden selbst weniger schikanieren.

Anmerkungen für die Lehrkraft

Die Vermittlung von Problemlösungsstrategien mit Hilfe von Diskussion und Rollenspiel unterstützt die Schüler dabei, Kompetenzen für positive soziale Verhaltensweisen und Beziehungen zu erwerben und selbst zu entwickeln. Sätze mit „Ich" zu beginnen, eine selbstbewusste Körpersprache und ein selbstsicheres, aber nicht aggressives Auftreten können wirkungsvolle Methoden sein, einer Person, die schikanierendes Verhalten an den Tag legt, zu signalisieren, dass man dieses Verhalten nicht dulden wird. Lehrkräfte können hier eine weitere Hilfe durch Spielstunden bieten, in denen die Schüler eine selbstbewusste Haltung zeigen, Augenkontakt halten und klar sprechen müssen. Auch ruhiges Atmen zum Entspannen des Körpers kann hilfreich sein.

Die Schüler können auch andere Strategien im Umgang mit schikanierendem Verhalten lernen, wie etwa: bestimmten Situationen, wenn möglich, aus dem Weg zu gehen oder zu wissen, wann sie sich Hilfe holen sollten. Um Hilfe zu bitten, ist äußerst wichtig, vor allem für Schüler, die die oben beschriebenen Strategien nicht anwenden können oder für diejenigen, die sie schon ohne Erfolg ausprobiert haben. Manche Schikanen können schon frühzeitig durch die Intervention von Gleichaltrigen, Lehrern, Eltern oder anderen Erwachsenen gestoppt werden, noch bevor der Teufelskreis des Schikanierens beginnt.

Elternarbeit

Die Unterstützung der Eltern ist grundlegend wichtig, um in der Klasse oder Schule eine schikanefreie Atmosphäre zu schaffen. Die Zustimmung der Eltern ist gerade für Kinder im Grundschulalter von Bedeutung, und die meisten Eltern sind sehr interessiert daran, Anti-Gewalt-Programme zu unterstützen. Auch entdecken Eltern oft als Erste Anzeichen dafür, dass ihr Kind in der Schule schikaniert wird oder andere schikaniert.

Lehrkräfte können Eltern durch verschiedene Maßnahmen zur Beteiligung motivieren:

- Durch die Förderung offener Kommunikation
- Durch ein Angebot an Informationen und Statistiken zum Thema „Schulschikanen"
- Durch die Anregung, auf Anzeichen zu achten, dass ihr Kind in irgendeiner Form an Schikanen beteiligt ist, und darüber so bald wie möglich zu berichten
- Durch die ernsthafte Auseinandersetzung mit Befürchtungen der Eltern zu diesem Punkt
- Durch die Aufforderung, ihre Kinder von schikanierendem Verhalten abzubringen
- Durch Ratschläge, wie man Konflikte ohne Gewalt und Aggressionen lösen kann
- Durch die Anregung, mit ihren Kindern über schulische Vorkommnisse zu sprechen

Tipps, wie man ein schikanefreies Schulklima schaffen kann

Schikanierendes Verhalten ist schon vielfach dokumentiert und beschrieben worden; es kann von Schule zu Schule unterschiedliche Erkenntnisse darüber geben. Jedoch findet der Ansatz breite Zustimmung, dass Schulen, die das Problem der Schikane erfolgreich und effektiv bekämpfen wollen, auf allen Ebenen dagegen vorgehen müssen.

Erfolgreiche Anti-Gewalt-Initiativen umfassen folgende Handlungsaspekte:

- Die Beteiligung von Lehrern, Schülern, Verwaltungspersonal, Eltern und sogar kommunalen Einrichtungen sowohl am Beratungsprozess als auch bei der Entwicklung und der Einführung von Handlungsgrundsätzen
- Das Sammeln von Informationen über Schikanen an der Schule und die Definition einer Schulphilosophie
- Das Verfassen einer schriftlichen Grundsatzerklärung über den Schulauftrag, die Rechte und Pflichten von Schülern, Lehrern und Eltern und die daraus folgenden Verfahrensweisen (Schulverfassung)
- Die Bekanntmachung dieser Grundsatzerklärung
- Die aktive Überwachung des Schulgeländes und die Schaffung von Situationen, in denen Kinder lernen können, wie man zusammen spielt und interagiert
- Die Anerkennung der wichtigen Rolle, die Zuschauer bei der Reduzierung von Schikanen spielen können
- Die Vermittlung aggressionsfreier Strategien zur Problemlösung und Streitschlichtung
- Die Überwachung und Aufrechterhaltung der Handlungsgrundsätze
- Die Schaffung sozialer Beziehungen auf Gruppenbasis in den Klassen und die Förderung der Schülerbeteiligung. Alle Schüler sollten Gelegenheit haben, einander gut kennen zu lernen.
- Die Beobachtung der Sozialstruktur der Schüler auf Klassenebene und die Wahrnehmung möglicher Probleme durch Schikanen
- Das Erkennen früher Warnzeichen

Weitere Informationen zum Thema finden Sie im Internet unter:

http://mobbingzirkel.emp.paed.uni-muenchen.de

Anmerkungen für die Lehrkraft

Anmerkungen zu den Formularvorlagen in diesem Buch

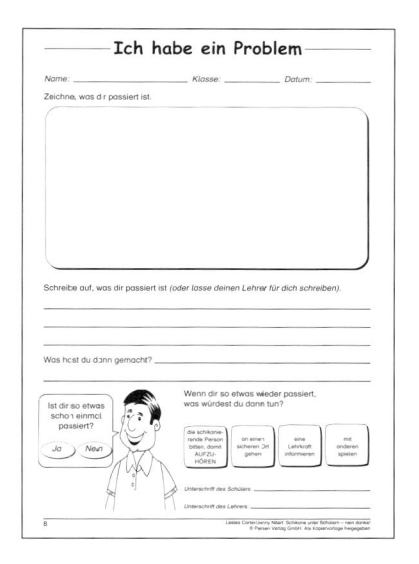

Ich habe ein Problem
(Seite 8)

wurde für Schüler entworfen, die Opfer von Schikanen geworden sind. Die Schüler beschreiben ihr Problem in Bildern oder Worten und malen die Felder farbig aus, auf denen die von ihnen gewählten Strategien für künftige ähnliche Situationen benannt werden.

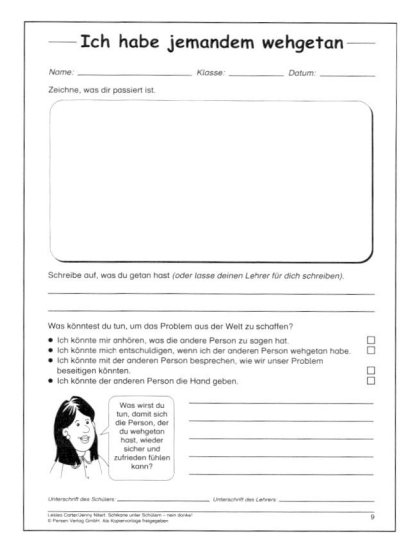

Ich habe jemandem wehgetan
(Seite 9)

soll von Schülern ausgefüllt werden, die Anstifter zu oder Tatbeteiligte an Schikanen waren. Die Schüler beschreiben den Vorfall in Bildern oder Worten und denken über Möglichkeiten nach, wie sie das Problem lösen können.

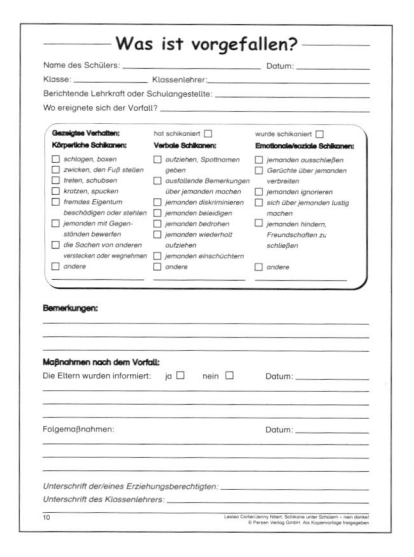

Was ist vorgefallen?
(Seite 10)

kann von Lehrkräften und Schulpersonal zum Berichten über beobachtete Schikanen verwendet werden. Lehrkräfte können darauf auch festhalten, welche Maßnahmen aufgrund dieses Vorfalls in die Wege geleitet wurden, in welcher Weise Schülereltern mit einbezogen wurden und welche Folgemaßnahmen ergriffen wurden.

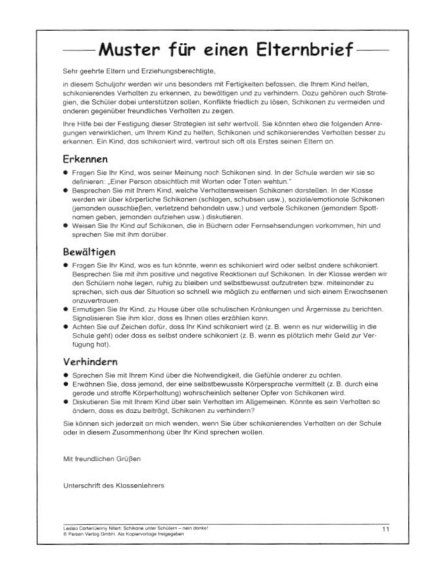

Muster für einen Elternbrief
(Seite 11)

soll Schülereltern und Erziehungsberechtigte informieren, um ihre Unterstützung beim Vorgehen gegen Schikanen zu gewinnen.

Anerkennungsurkunden
(Seite 12)

wurden in das Buch mit aufgenommen, um positives Verhalten anzuerkennen und zu fördern.

Ich habe ein Problem

Name: _____ Klasse: _____ Datum: _____

Zeichne, was dir passiert ist.

```
┌─────────────────────────────────────────────────┐
│                                                 │
│                                                 │
│                                                 │
│                                                 │
│                                                 │
│                                                 │
└─────────────────────────────────────────────────┘
```

Schreibe auf, was dir passiert ist *(oder lasse deinen Lehrer für dich schreiben)*.

_____

_____

_____

Was hast du dann gemacht? _____

_____

Ist dir so etwas schon einmal passiert?

Ja   Nein

Wenn dir so etwas wieder passiert, was würdest du dann tun?

| die schikanierende Person bitten, damit AUFZUHÖREN | an einen sicheren Ort gehen | eine Lehrkraft informieren | mit anderen spielen |

Unterschrift des Schülers: _____

Unterschrift des Lehrers: _____

Ich habe jemandem wehgetan

Name: _____ Klasse: _____ Datum: _____

Zeichne, was dir passiert ist.

Schreibe auf, was du getan hast *(oder lasse deinen Lehrer für dich schreiben)*.

_____

_____

Was könntest du tun, um das Problem aus der Welt zu schaffen?

- Ich könnte mir anhören, was die andere Person zu sagen hat. ☐
- Ich könnte mich entschuldigen, wenn ich der anderen Person wehgetan habe. ☐
- Ich könnte mit der anderen Person besprechen, wie wir unser Problem beseitigen könnten. ☐
- Ich könnte der anderen Person die Hand geben. ☐

Was wirst du tun, damit sich die Person, der du wehgetan hast, wieder sicher und zufrieden fühlen kann?

_____

_____

_____

_____

_____

Unterschrift des Schülers: _____ *Unterschrift des Lehrers:* _____

Leslea Carter/Jenny Nitert: Schikane unter Schülern – nein danke!
© Persen Verlag GmbH. Als Kopiervorlage freigegeben

Was ist vorgefallen?

Name des Schülers: _____ Datum: _____

Klasse: _____ Klassenlehrer: _____

Berichtende Lehrkraft oder Schulangestellte: _____

Wo ereignete sich der Vorfall? _____

Gezeigtes Verhalten: hat schikaniert ☐   wurde schikaniert ☐

Körperliche Schikanen:	**Verbale Schikanen:**	**Emotionale/soziale Schikanen:**
☐ schlagen, boxen	☐ aufziehen, Spottnamen geben	☐ jemanden ausschließen
☐ zwicken, den Fuß stellen	☐ ausfallende Bemerkungen über jemanden machen	☐ Gerüchte über jemanden verbreiten
☐ treten, schubsen	☐ jemanden diskriminieren	☐ jemanden ignorieren
☐ kratzen, spucken	☐ jemanden beleidigen	☐ sich über jemanden lustig machen
☐ fremdes Eigentum beschädigen oder stehlen	☐ jemanden bedrohen	☐ jemanden hindern, Freundschaften zu schließen
☐ jemanden mit Gegenständen bewerfen	☐ jemanden wiederholt aufziehen	
☐ die Sachen von anderen verstecken oder wegnehmen	☐ jemanden einschüchtern	
☐ andere _____	☐ andere _____	☐ andere _____

Bemerkungen:

_____
_____
_____

Maßnahmen nach dem Vorfall:

Die Eltern wurden informiert: ja ☐   nein ☐   Datum: _____

_____
_____
_____

Folgemaßnahmen: Datum: _____

_____
_____
_____

Unterschrift der/eines Erziehungsberechtigten: _____

Unterschrift des Klassenlehrers: _____

Muster für einen Elternbrief

Sehr geehrte Eltern und Erziehungsberechtigte,

in diesem Schuljahr werden wir uns besonders mit Fertigkeiten befassen, die Ihrem Kind helfen, schikanierendes Verhalten zu erkennen, zu bewältigen und zu verhindern. Dazu gehören auch Strategien, die Schüler dabei unterstützen sollen, Konflikte friedlich zu lösen, Schikanen zu vermeiden und anderen gegenüber freundliches Verhalten zu zeigen.

Ihre Hilfe bei der Festigung dieser Strategien ist sehr wertvoll. Sie könnten etwa die folgenden Anregungen verwirklichen, um Ihrem Kind zu helfen, Schikanen und schikanierendes Verhalten besser zu erkennen. Ein Kind, das schikaniert wird, vertraut sich oft als Erstes seinen Eltern an.

Erkennen

- Fragen Sie Ihr Kind, was seiner Meinung nach Schikanen sind. In der Schule werden wir sie so definieren: „Einer Person absichtlich mit Worten oder Taten wehtun."
- Besprechen Sie mit Ihrem Kind, welche Verhaltensweisen Schikanen darstellen. In der Klasse werden wir über körperliche Schikanen (schlagen, schubsen usw.), soziale/emotionale Schikanen (jemanden ausschließen, verletzend behandeln usw.) und verbale Schikanen (jemandem Spottnamen geben, jemanden aufziehen usw.) diskutieren.
- Weisen Sie Ihr Kind auf Schikanen, die in Büchern oder Fernsehsendungen vorkommen, hin und sprechen Sie mit ihm darüber.

Bewältigen

- Fragen Sie Ihr Kind, was es tun könnte, wenn es schikaniert wird oder selbst andere schikaniert. Besprechen Sie mit ihm positive und negative Reaktionen auf Schikanen. In der Klasse werden wir den Schülern nahe legen, ruhig zu bleiben und selbstbewusst aufzutreten bzw. miteinander zu sprechen, sich aus der Situation so schnell wie möglich zu entfernen und sich einem Erwachsenen anzuvertrauen.
- Ermutigen Sie Ihr Kind, zu Hause über alle schulischen Kränkungen und Ärgernisse zu berichten. Signalisieren Sie ihm klar, dass es Ihnen alles erzählen kann.
- Achten Sie auf Zeichen dafür, dass Ihr Kind schikaniert wird (z. B. wenn es nur widerwillig in die Schule geht) oder dass es selbst andere schikaniert (z. B. wenn es plötzlich mehr Geld zur Verfügung hat).

Verhindern

- Sprechen Sie mit Ihrem Kind über die Notwendigkeit, die Gefühle anderer zu achten.
- Erwähnen Sie, dass jemand, der eine selbstbewusste Körpersprache vermittelt (z. B. durch eine gerade und straffe Körperhaltung) wahrscheinlich seltener Opfer von Schikanen wird.
- Diskutieren Sie mit Ihrem Kind über sein Verhalten im Allgemeinen. Könnte es sein Verhalten so ändern, dass es dazu beiträgt, Schikanen zu verhindern?

Sie können sich jederzeit an mich wenden, wenn Sie über schikanierendes Verhalten an der Schule oder in diesem Zusammenhang über Ihr Kind sprechen wollen.

Mit freundlichen Grüßen

Unterschrift des Klassenlehrers

Anerkennungsurkunden

Du arbeitest prima mit den anderen zusammen!

Name: _____

Unterschrift: _____

Du bist ein echt guter Freund!

Name: _____

Unterschrift: _____

Du hast es geschafft!

Gut gemacht,

_____ !

Unterschrift: _____

Was ist Schikanieren?

Die drei kleinen Schweinchen

Anmerkungen für die Lehrkraft

Lernziele

Die Schüler erkennen schikanierendes Verhalten anhand einer Märchenfigur.

Hintergrundinformationen

Das Verhalten einer Märchenfigur hilft jüngeren Schülern beim Einstieg in dieses Thema. Auf diese Weise können die Schüler mitverfolgen und diskutieren, wie fiktive Charaktere schikanieren oder schikaniert werden, bevor ihnen Situationen des wirklichen Lebens vorgestellt werden.

In Märchen werden Konflikte normalerweise gelöst und alle leben glücklich und zufrieden weiter bis an ihr Ende. Die Handlung endet meist anders als im richtigen Leben. So landet beispielsweise der Wolf, der die Schweinchen schikaniert hat, schließlich in einem Topf mit kochendem Wasser! Rücken Sie daher eher seine Schikanen gegenüber den Schweinchen in den Mittelpunkt!

Andere geeignete Märchen sind:

- „Aschenputtel" (hier schikanieren die Stiefmutter und die beiden hässlichen Stiefschwestern)
- „Das hässliche Entlein" (das Schwanenküken wird von den Enten schikaniert)
- Auch einer der Streiche aus „Max und Moritz" von Wilhelm Busch könnte als Beispiel dienen.

Diskussionspunkte

„Die drei kleinen Schweinchen" (s. Seite 14) und andere Märchen können eingesetzt werden, um Beispiele für schikanierendes Verhalten vorzuführen. Welches Märchen Sie auch verwenden, konzentrieren Sie sich auf folgende Punkte:

1. „Welche Figur/-en schikaniert/schikanieren?"
2. „Welche Figur/-en wird/werden schikaniert?"
3. Lassen Sie die verschiedenen Schikanen aufzählen.
4. Lassen Sie die Charaktermerkmale der Erzählfigur, die schikaniert, aufzählen.
5. Lassen Sie die Charaktermerkmale der schikanierten Figur/-en aufzählen.

Wissen Sie, dass …

… eins von sieben Kindern entweder selbst schikaniert oder ein Opfer von Schikanen ist?

Die drei kleinen Schweinchen

Es waren einmal drei kleine Schweinchen, die beschlossen, sich jeder ein eigenes Haus zu bauen.
Das erste Schweinchen bekam von einem Mann Stroh geschenkt; daraus baute es sich eine Hütte.
Das zweite Schweinchen bekam von einem Mann Holz, daraus baute es sich ein kleines Holzhaus.
Das dritte Schweinchen bekam Steine geschenkt, daraus baute es sich ein festes Steinhaus.
Aber ein Wolf beobachtete sie aus der Ferne.
Nach einer Weile stellte er sich vor dem Strohhaus des ersten Schweinchens auf und rief: „Kleines Schwein, kleines Schwein, lass mich rein!"
„Nein, bei meinem rosa Ringelschwänzchen, ich lass dich nicht rein!", antwortete das Schweinchen.
„Dann blas und puste ich dein Haus einfach um!", brummte der Wolf.
Und wirklich, er blies und pustete, bis das Häuschen zusammenfiel.
Das erste kleine Schweinchen rannte zum Holzhaus seines Bruders, der gerade fertig wurde.
Wieder rief der Wolf: „Kleines Schwein, kleines Schwein, lass mich rein!"
„Nein, bei meinem rosa Ringelschwänzchen, ich lass dich nicht rein!"
„Dann blas und puste ich dein Haus einfach um!", knurrte der Wolf.
Und wirklich, er blies und pustete so kräftig, bis auch das Holzhaus zusammenfiel.
Die beiden kleinen Schweinchen liefen zum Steinhaus ihres Bruders, der schon eine Weile fertig war.
Und noch einmal rief der Wolf: „Kleines Schwein, kleines Schwein, lass mich rein!"
„Nein, bei meinem rosa Ringelschwänzchen, ich lass dich ganz bestimmt nicht rein!"
„Dann blas und puste ich dein Haus einfach um!", grollte der Wolf.
Wie vorher blies und pustete und pustete und blies der Wolf – aber das Steinhaus bewegte sich nicht.
Jetzt knirschte der Wolf vor Wut mit den Zähnen: „Diese drei Schweinchen werde ich mir schnappen!" Wütend schlich er um das Steinhaus herum. Plötzlich hatte er einen Einfall. Er holte eine lange Leiter und stieg auf das Dach, um durch den Schornstein ins Haus zu kommen.
Aber auch die drei Schweinchen waren nicht auf den Kopf gefallen. Sie hatten einen Kessel mit Wasser über das Feuer gehängt, und als der Wolf den Kamin hinunter rutschte, fiel er direkt dort hinein.
„Au weia!", kreischte er, sprang aus dem Kessel, raste hinaus und verschwand in den Feldern, so schnell ihn seine Beine trugen.
„Haha", lachten die drei kleinen Schweinchen, „dieser Wolf wird uns nichts mehr tun. Von nun an können wir alle zusammen sicher in dem kleinen Steinhaus leben."

Die drei kleinen Schweinchen

Erinnerst du dich an die Geschichte von den drei kleinen Schweinchen?

Jedes Schweinchen baute sich ein Haus.

Da kam der große, böse Wolf.
     Er drohte den Schweinchen.
          Er versuchte, das Haus von jedem Schweinchen umzupusten.

Kleines Schwein, kleines Schwein, lass mich rein!

Nein, bei meinem rosa Ringelschwänzchen, ich lass dich ganz bestimmt nicht rein!

❶ Ergänze, was der Wolf dann gesagt hat:
Dann _____ und _____ ich dein Haus einfach _____!

❷ Male die Mauersteine farbig aus, auf denen steht, wie der Wolf die Schweinchen schikaniert hat.

er war nett zu den Schweinchen	er war gemein zu den Schweinchen	er spielte mit den Schweinchen	er machte das Eigentum der Schweinchen kaputt
er war sanft	er machte dauernd gemeine Sachen	er war grob	er machte dauernd nette Sachen
er war freundlich zu den Schweinchen	er machte den Schweinchen Angst	er war höflich zu den Schweinchen	er verletzte die Schweinchen

Es kann auch passieren, dass Menschen andere schikanieren.

Hast du schon einmal beobachtet, wie hier an der Schule jemand einen anderen schikaniert hat?

Was ist Schikanieren?

Auf dem Spielplatz

Anmerkungen für die Lehrkraft

Lernziele

Die Schüler setzen sich mit einer Bildgeschichte auseinander, in der verschiedene Schikanen dargestellt werden.

Hintergrundinformationen

„Schikanieren" kann definiert werden als:
- Absichtlich verletzendes Verhalten (körperlich oder seelisch)
- Über einen bestimmten Zeitraum oft wiederholtes, negatives Verhalten
- Ein Verhalten, das es der Person, gegen die es gerichtet ist, schwer macht, sich dagegen zu wehren – das „Opfer" ist physisch bzw. psychisch schwächer als der „Täter".

Schikanieren kann drei verschiedene Formen annehmen:
1. Körperlich: schlagen, boxen, schubsen, zwicken, den Fuß stellen, anspucken, kratzen, Besitzstücke anderer beschädigen, verstecken oder stehlen, jemanden mit Gegenständen bewerfen oder jemanden ein- bzw. aussperren.
2. Verbal: jemandem Spottnamen geben, über jemanden beleidigende Bemerkungen machen, jemanden verspotten, hänseln oder verletzend behandeln.
3. Emotional: Gerüchte verbreiten, über jemanden tratschen oder ihn in Verlegenheit bringen, sich über jemanden lustig machen, jemanden durch drohende Blicke oder Gesten einschüchtern, jemanden aus der Gruppe ausschließen oder damit drohen, jemanden ignorieren, ächten oder anderen entfremden.

Diskussionspunkte

(Seite 17 kann auch ohne weiteres Arbeitsblatt eingesetzt werden und für sich stehen. Folgen Sie beim Klassengespräch den unten angeführten Diskussionspunkten. Alternativ dazu können die Schüler, wenn sie schon gut genug lesen und schreiben können, nach einem kurzen Gespräch über das Bild die Fragen auf Seite 19 beantworten. Einige kurze Szenen zwischen zwei oder drei Kindern auf dem Bild können auch von den Schülern nachgestellt werden.)

1. „Welche Schikanen kommen auf dem Bild vor?"
2. „Ist es immer eine Schikane, wenn jemand einem anderen Namen gibt?" „Welche Spitznamen hast du, die dir nichts ausmachen?" „Wann wird das Namengeben eine Schikane?"
3. „Was denkt wohl das Mädchen, das rechts vom Klettergerüst steht?" „Was kann sie tun?"
4. „Was sagen die beiden Mädchen auf der Bank?" „Was denkt wohl das Mädchen, das allein auf seiner Bank sitzt?" „Wieso ist das schikanieren?" „Was könnte dieses Mädchen tun?"
5. „Schaue dir die beiden Jungs auf der rechten Seite an: Der eine boxt den anderen. – Irgendetwas läuft hier verkehrt, aber warum ist es vielleicht keine Schikane?" „Wann wäre es eine?"
6. „Was, glaubst du, denkt der Junge, der ‚Fettklops' gerufen wird?"

Wissen Sie, dass ...

... die häufigste Form des Schikanierens die verbale Schikane ist?

Auf dem Spielplatz

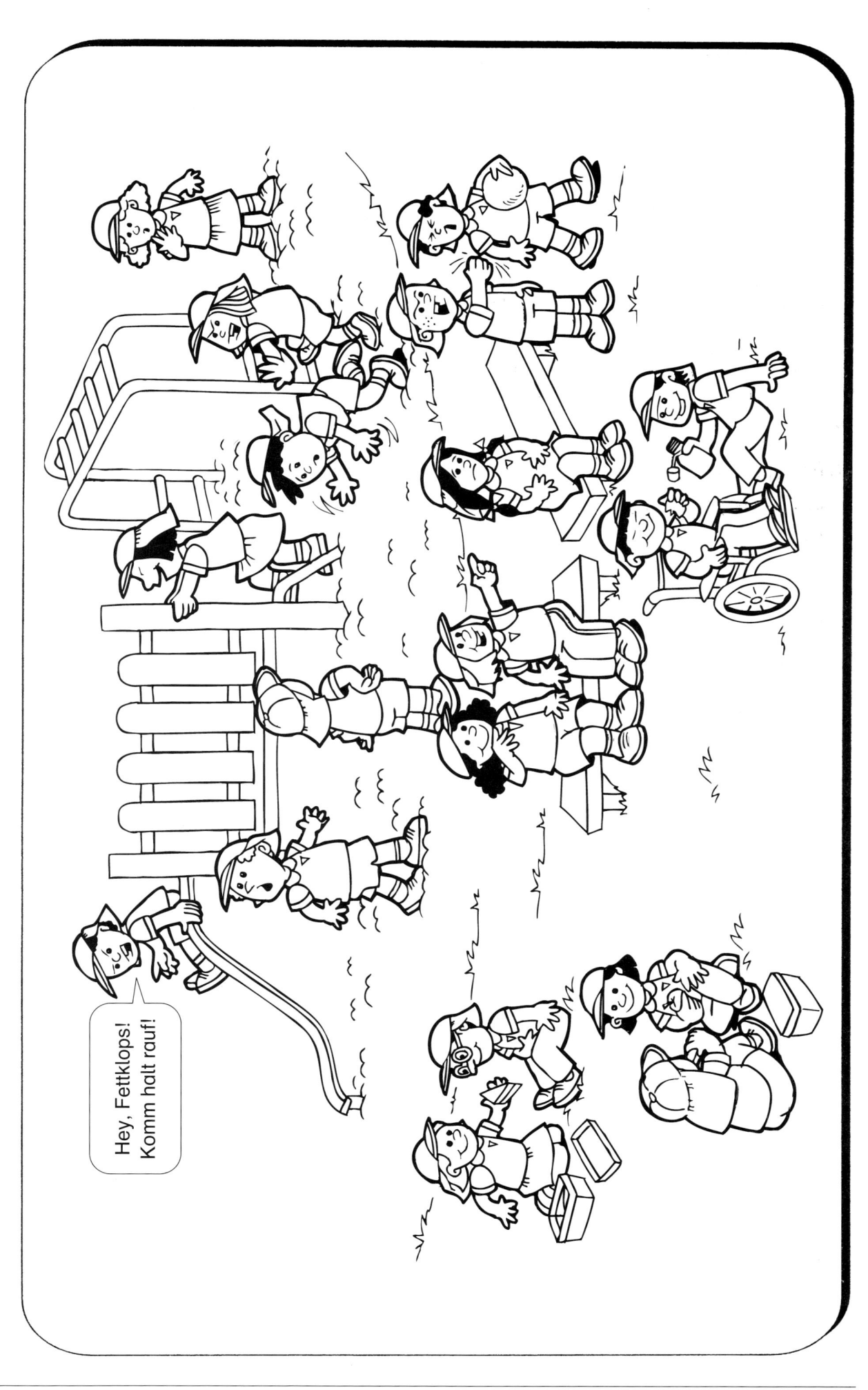

"Hey, Fettklops! Komm halt rauf!"

Leslea Carter/Jenny Nitert: Schikane unter Schülern – nein danke!
© Persen Verlag GmbH. Als Kopiervorlage freigegeben

Was ist Schikanieren?

Auf dem Spielplatz

Anmerkungen für die Lehrkraft

Lernziele

Die Schüler betrachten eine Bildgeschichte, die „Schikanen" zum Thema hat, um Fragen zum Bildinhalt zu beantworten.

Die Schüler müssen das Bild auf Seite 17 vor Augen haben, um die Aufgaben bearbeiten zu können. Diese Aktivität sollte nach dem Gespräch über das Bild stattfinden, nachdem die meisten Fragen schon besprochen wurden.

Wissen Sie, dass ...

... sowohl Mädchen wie Jungen andere schikanieren? Normalerweise schikanieren Jungen andere Jungen und Mädchen andere Mädchen.

Auf dem Spielplatz

Betrachte das Bild.

Beantworte nun die Fragen.

❶ Mache einen farbigen Kreis um jede Art von Schikane, die du abgebildet siehst.

> Grün – schlagen   Orange – Namen geben
> Rot – schubsen   Braun – sich über jemanden lustig machen

❷ a) Was ist deiner Meinung nach die schlimmste Schikane?

b) Warum?

❸ a) Welche Spitznamen hast du, die dir nichts ausmachen?

b) Wirst du schikaniert, wenn jemand dich mit einem dieser Namen ruft?   Ja   Nein

❹ a) Was sagen wohl die beiden Mädchen auf der Bank? Schreibe deine Vermutung auf.

b) Was denkt sich möglicherweise das Mädchen, das alleine sitzt? Schreibe auch das auf.

Leslea Carter/Jenny Nitert: Schikane unter Schülern – nein danke!
© Persen Verlag GmbH. Als Kopiervorlage freigegeben

Was ist Schikanieren?

In der Pause

Anmerkungen für die Lehrkraft

Lernziele
Die Schüler setzen sich mit einer Bildgeschichte auseinander, in der Namengeben als eine Form von Schikane vorkommt.

Hintergrundinformationen
Definition „Schikanieren":
- Absichtlich verletzendes Verhalten (körperlich oder seelisch)
- Über einen bestimmten Zeitraum oft wiederholtes, negatives Verhalten
- Ein Verhalten, das es der Person, gegen die es gerichtet ist, schwer macht, sich dagegen zu wehren – das „Opfer" ist physisch bzw. psychisch schwächer als der „Täter".

Schikanieren kann drei verschiedene Formen annehmen:
1. Körperlich: schlagen, boxen, schubsen, zwicken, den Fuß stellen, anspucken, kratzen, Besitzstücke anderer beschädigen, verstecken oder stehlen, jemanden mit Gegenständen bewerfen oder jemanden ein- bzw. aussperren.
2. Verbal: jemandem Spottnamen geben, über jemanden beleidigende Bemerkungen machen, jemanden verspotten, hänseln oder verletzend behandeln.
3. Emotional: Gerüchte verbreiten, über jemanden klatschen oder ihn in Verlegenheit bringen, sich über jemanden lustig machen, jemanden durch drohende Blicke oder Gesten einschüchtern, jemanden aus der Gruppe ausschließen oder damit drohen, jemanden ignorieren, ächten oder anderen entfremden.

Diskussionspunkte
(Seite 21 kann auch ohne weiteres Arbeitsblatt eingesetzt werden und für sich stehen. Folgen Sie beim Klassengespräch den unten angeführten Diskussionspunkten. Alternativ dazu können die Schüler, wenn sie schon gut genug lesen und schreiben können, nach einem kurzen Gespräch über das Bild die Fragen auf Seite 23 beantworten. Einige kurze Szenen zwischen zwei oder drei Kindern auf dem Bild können auch von den Schülern nachgespielt werden.)
1. „In jeder Gruppe auf dem Bild geht es um die gleiche Schikane. Welche ist es?"
2. „Ist es immer eine Schikane, wenn jemand einem anderen Namen gibt?" „Welche Spitznamen hast du, die dir nichts ausmachen?" „Wann wird das Namengeben eine Schikane?" (Diese Fragen werden auch auf Seite 23 besprochen.)
3. „Wie fühlt sich wohl das Mädchen, das ‚Streuselkuchen' genannt wird?
   Wie fühlt sich wohl der Junge, der ‚Mecki' genannt wird?
   Wie fühlt sich wohl der Junge, der ‚Langweiler' genannt wird?"
4. „Was könnte in jeder der Situationen auf dem Bild als Nächstes passieren?"
5. „Was, glaubst du, werden die Kinder, die Brote mit Ei oder Thunfisch essen, als Nächstes machen oder sagen?"
6. „Was kannst du tun, wenn dich jemand aufzieht oder dir Spottnamen gibt?"

Wissen Sie, dass ...
... Namengeben die häufigste Form verbalen Schikanierens ist?

In der Pause

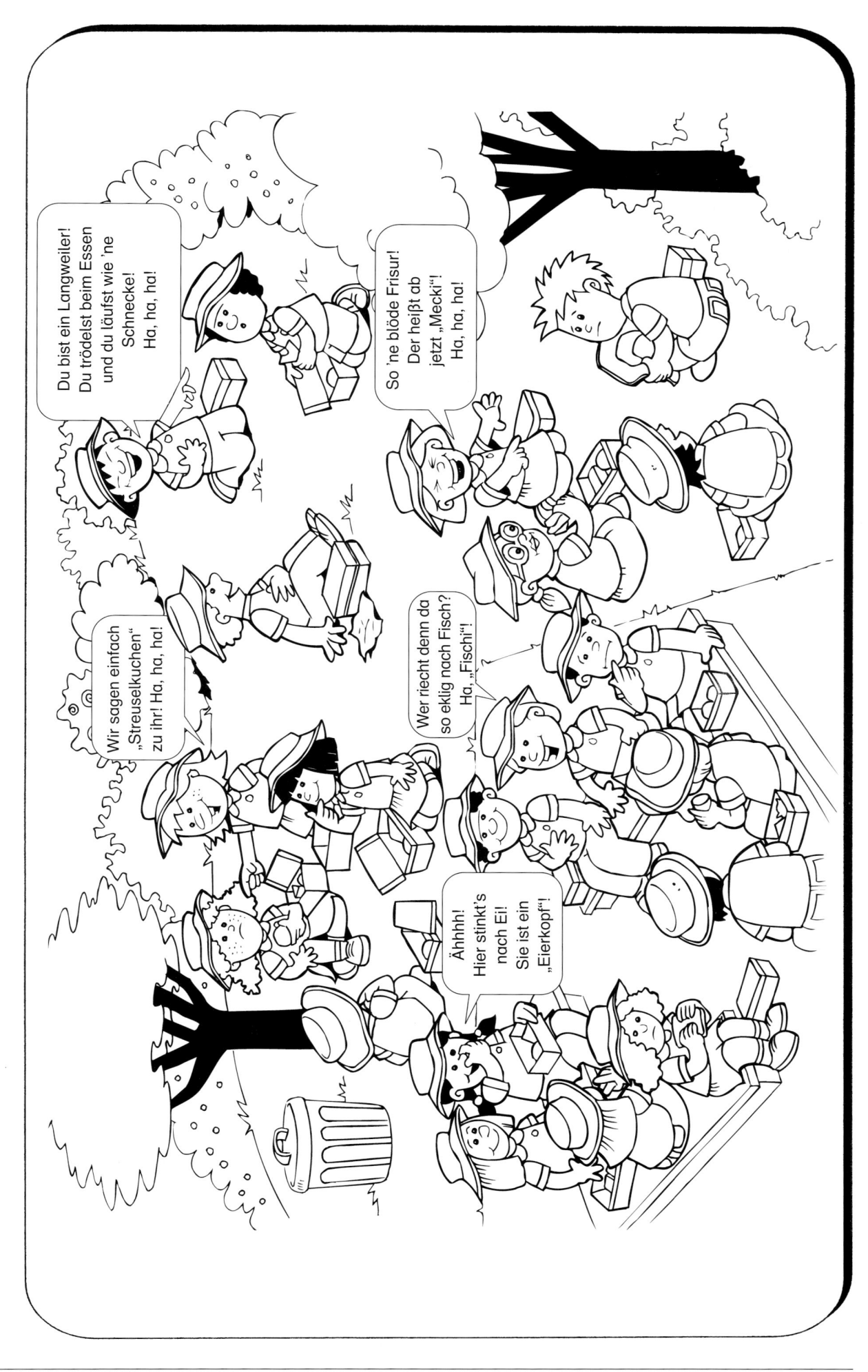

- Du bist ein Langweiler! Du trödelst beim Essen und du läufst wie 'ne Schnecke! Ha, ha, ha!
- So 'ne blöde Frisur! Der heißt ab jetzt „Mecki"! Ha, ha, ha!
- Wir sagen einfach „Streuselkuchen" zu ihr! Ha, ha, ha!
- Wer riecht denn da so eklig nach Fisch? Ha, „Fischi"!
- Ähhhh! Hier stinkt's nach Ei! Sie ist ein „Eierkopf"!

Was ist Schikanieren?

In der Pause

Anmerkungen für die Lehrkraft

Lernziele

Die Schüler betrachten eine Bildgeschichte, die Schikanen darstellt (Namengeben), um Fragen zum Bildinhalt und dessen Interpretation zu beantworten.

Die Schüler müssen das Bild auf Seite 21 vor Augen haben, um die Aufgaben bearbeiten zu können. Diese Aktivität sollte nach dem Gespräch über das Bild stattfinden, nachdem die meisten Fragen schon besprochen wurden.

Wissen Sie, dass …

… einer von vier Schülern schikaniert wird?

In der Pause

Betrachte das Bild.
Beantworte nun die Fragen.

❶ Mache einen Kreis um jede Person, die andere schikaniert.
❷ Niemand fasst auf diesem Bild einen anderen an. Warum sind es trotzdem Schikanen?

_____
_____

❸ Schreibe hier Worte auf, die ausdrücken, wie sich die beiden Kinder fühlen.

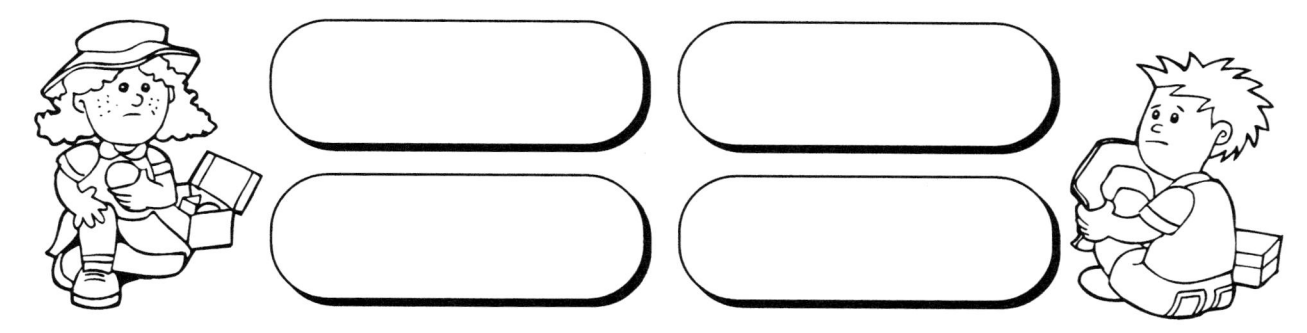

❹ Schreibe hier auf, was sich dieser Junge denkt.

> Du bist ein Langweiler! Du trödelst beim Essen und du läufst wie 'ne Schnecke! Ha, ha, ha!

❺ Was würdest du tun, wenn dich jemand aufzieht oder dir Namen gibt?

_____
_____
_____

Leslea Carter/Jenny Nitert: Schikane unter Schülern – nein danke!
© Persen Verlag GmbH. Als Kopiervorlage freigegeben

Was ist Schikanieren?

Darf ich mitmachen?

Anmerkungen für die Lehrkraft

Lernziele

Die Schüler setzen sich mit einer Bildgeschichte auseinander, in der es um eine Schikane in Form eines Ausschlusses aus der Gruppe geht.

Hintergrundinformationen

Definition „Schikanieren":

- Absichtlich verletzendes Verhalten (körperlich oder seelisch)
- Über einen bestimmten Zeitraum oft wiederholtes, negatives Verhalten
- Ein Verhalten, das es der Person, gegen die es gerichtet ist, schwer macht, sich dagegen zu wehren – das „Opfer" ist physisch bzw. psychisch schwächer als der „Täter".

Schikanieren kann drei verschiedene Formen annehmen:

1. Körperlich: schlagen, boxen, schubsen, zwicken, den Fuß stellen, anspucken, kratzen, Besitzstücke anderer beschädigen, verstecken oder stehlen, jemanden mit Gegenständen bewerfen oder jemanden ein- bzw. aussperren.
2. Verbal: jemandem Spottnamen geben, über jemanden beleidigende Bemerkungen machen, jemanden verspotten, hänseln oder verletzend behandeln.
3. Emotional: Gerüchte verbreiten, über jemanden klatschen oder ihn in Verlegenheit bringen, sich über jemanden lustig machen, jemanden durch drohende Blicke oder Gesten einschüchtern, jemanden aus der Gruppe ausschließen oder damit drohen, jemanden ignorieren, ächten oder anderen entfremden.

Diskussionspunkte

(Seite 25 kann auch ohne weiteres Arbeitsblatt eingesetzt werden und für sich stehen. Folgen Sie beim Klassengespräch den unten angeführten Diskussionspunkten. Alternativ dazu können die Schüler, wenn sie schon gut genug lesen und schreiben können, nach einem kurzen Gespräch über das Bild die Fragen auf Seite 27 beantworten. Einige kurze Szenen zwischen zwei oder drei Kindern auf dem Bild können auch von den Schülern nachgespielt werden.)

1. „Welche Schikane wird auf diesem Bild dargestellt?"
2. „Was, glaubst du, fühlt das Mädchen, das mitmachen möchte, bevor es fragt?" „... nachdem es gefragt hat?"
3. „Wie viele Kinder sind mit der Antwort einverstanden?" „Was denkt sich jedes dieser Kinder?"
4. „Wie viele Kinder sind mit der Antwort nicht einverstanden?" „Was denkt sich jedes dieser Kinder?"
5. „Was, glaubst du, wird als Nächstes passieren?"

Wissen Sie, dass ...

... körperliches Schikanieren mit dem Älterwerden der Kinder zurückgeht, aber indirekte Schikanen wie etwa Ausschluss aus Gruppen zunehmen?

Darf ich mitmachen?

- Darf ich mitmachen?
- Ich will, dass sie mitspielt.
- Gut! Ich hoffe, sie geht weg!
- Warum darf sie denn nicht mitspielen?
- Gut! Ich will nicht, dass sie mitmacht!
- Nein! Geh weg! Wir wollen dich bei unserem Spiel nicht dabeihaben!
- Also, das war gemein!

Was ist Schikanieren?

Darf ich mitmachen?

Anmerkungen für die Lehrkraft

Lernziele

Die Schüler betrachten eine Bildgeschichte, die den Ausschluss eines Mädchens aus einer Gruppe darstellt, um Fragen zum Bildinhalt und dessen Interpretation zu beantworten.

Die Schüler müssen das Bild auf Seite 25 vor Augen haben, um die Aufgaben bearbeiten zu können. Diese Aktivität sollte nach dem Gespräch über das Bild stattfinden, nachdem die meisten Fragen schon besprochen wurden.

Wissen Sie, dass ...

... Jungen eher zu körperlichen Schikanen tendieren, während Mädchen eher andere verletzend behandeln, Gerüchte über sie verbreiten, andere sozial ausgrenzen, zurückweisen oder ächten.

Darf ich mitmachen?

Betrachte das Bild.
Beantworte nun die Fragen.

❶ Was fragt das Mädchen?

_____

_____

❷ Welche Antwort bekommt es von einem der Mädchen in der Gruppe?

_____

_____

❸ Schreibe hier Worte auf, die ausdrücken, wie sich das erste Mädchen nach der Antwort wohl fühlt.

❹ Wie viele Kinder …

   a) sind mit der Antwort einverstanden? ◯

   b) sind mit der Antwort nicht einverstanden? ◯

Also, das war gemein!

❺ Was, glaubst du, wird als Nächstes passieren?

_____

_____

_____

Leslea Carter/Jenny Nitert: Schikane unter Schülern – nein danke!
© Persen Verlag GmbH. Als Kopiervorlage freigegeben

Was ist Schikanieren?

Was läuft hier verkehrt?

Anmerkungen für die Lehrkraft

Lernziele

Die Schüler setzen sich mit einer Bildergeschichte auseinander, in der mehrere Schikanearten dargestellt werden.

Hintergrundinformationen

Definition „Schikanieren":

- Absichtlich verletzendes Verhalten (körperlich oder seelisch)
- Über einen bestimmten Zeitraum oft wiederholtes, negatives Verhalten
- Ein Verhalten, das es der Person, gegen die es gerichtet ist, schwer macht, sich dagegen zu wehren – das „Opfer" ist physisch bzw. psychisch schwächer als der „Täter".

Schikanieren kann drei verschiedene Formen annehmen:

1. Körperlich: schlagen, boxen, schubsen, zwicken, den Fuß stellen, anspucken, kratzen, Besitzstücke anderer beschädigen, verstecken oder stehlen, jemanden mit Gegenständen bewerfen oder jemanden ein- bzw. aussperren.
2. Verbal: jemandem Namen geben, über jemanden beleidigende Bemerkungen machen, jemanden verspotten, hänseln oder verletzend behandeln.
3. Emotional: Gerüchte verbreiten, über jemanden klatschen oder ihn in Verlegenheit bringen, sich über jemanden lustig machen, jemanden durch drohende Blicke oder Gesten einschüchtern, jemanden aus der Gruppe ausschließen oder damit drohen, jemanden ignorieren, ächten oder anderen entfremden.

Diskussionspunkte

(Seite 29 kann auch ohne weiteres Arbeitsblatt eingesetzt werden und für sich stehen. Folgen Sie beim Klassengespräch den unten angeführten Diskussionspunkten. Alternativ dazu können die Schüler, wenn sie schon gut genug lesen und schreiben können, nach einem kurzen Gespräch über das Bild die Fragen auf Seite 31 beantworten. Einige kurze Szenen zwischen zwei oder drei Kindern auf dem Bild können auch von den Schülern nachgestellt werden.)

1. „Was passiert auf jedem Bild?" „Sind das Schikanen?" „Welche Schikanen sind es?"
2. „Warum, glaubst du, erfindet das Mädchen auf dem ersten Bild etwas über Katharina?" „Was wird Katharina wohl als Nächstes tun?"
3. „Was glaubst du, wieso ziehen die Kinder auf dem zweiten Bild Grimassen hinter den Mädchen und werfen ihnen giftige Blicke zu?" „Was werden diese beiden Mädchen wohl als Nächstes tun?"
4. „Was, glaubst du, wird der Junge auf dem dritten Bild mit Anjas Lineal machen?" „Die anderen Kinder reden miteinander und haben noch nicht bemerkt, was er gerade macht. Glaubst du, dass er das Lineal auch wegnehmen würde, wenn ihn jemand beobachtet?"
5. „Was wird auf dem vierten Bild wohl als Nächstes passieren?" „Wie fühlt sich Benjamin, wenn er seine Schultasche nicht mehr findet?"
6. „Welche Schikane findest du am schlimmsten?" „Warum?"

Wissen Sie, dass ...

... die meisten Schikanen unter Schülern im oder nahe beim Schulgebäude stattfinden?

Was läuft hier verkehrt?

1. Katharina hat Sylvia eine Packung Kekse geklaut!
Das stimmt nicht! Das hab ich nicht gemacht!

2.

3. Ich nehm Anja jetzt das Lineal weg! Ha, ha, ha!

4. Ich werf Benjamins Schultasche in die Mülltonne! Ha, ha, ha!

Leslea Carter/Jenny Nitert: Schikane unter Schülern – nein danke!
© Persen Verlag GmbH. Als Kopiervorlage freigegeben

Was ist Schikanieren?

Was läuft hier verkehrt?

Anmerkungen für die Lehrkraft

Lernziele

Die Schüler betrachten eine Bildergeschichte, die mehrere Schikanen darstellt, um Fragen zum Bildinhalt und dessen Interpretation zu beantworten.

Die Schüler müssen das Bild auf Seite 29 vor Augen haben, um die Aufgaben bearbeiten zu können. Diese Übung sollte nach dem Gespräch über das Bild stattfinden, nachdem die meisten Fragen schon besprochen wurden.

Wissen Sie, dass ...

... in der Grundschule die Täter oft in der gleichen Jahrgangsstufe wie ihre Opfer sind? Wenn es einen Altersunterschied gibt, ist das Opfer normalerweise jünger.

Was läuft hier verkehrt?

Betrachte das Bild.
Beantworte nun die Fragen.

1 a) Zeichne einen roten Kreis um das Kind im ersten Bild, das sich etwas über das andere ausdenkt.

b) Warum, glaubst du, macht es so etwas?

_____

_____

2 a) Zeichne einen blauen Kreis um die Kinder im zweiten Bild, die die anderen schikanieren.

b) Wie schikanieren sie die anderen?

_____

_____

3 Was wird wohl der Junge auf dem dritten Bild mit Anjas Lineal machen?

_____

_____

4 Was, glaubst du, wird auf dem vierten Bild als Nächstes passieren?

_____

_____

5 Welche dieser Schikanen findest du am schlimmsten?

Bild Nr.   (1)   (2)   (3)   (4)

Erkläre, warum:

_____

_____

Leslea Carter/Jenny Nitert: Schikane unter Schülern – nein danke!
© Persen Verlag GmbH. Als Kopiervorlage freigegeben

Was ist Schikanieren?

Wie sieht jemand aus, der schikaniert?

Anmerkungen für die Lehrkraft

Lernziele

Die Schüler verstehen, dass eine Person, die andere schikaniert, an ihren Handlungen und nicht an ihrem Aussehen erkannt wird.

Hintergrundinformationen

Kinder (oder Erwachsene), die andere schikanieren, können aus allen Familien stammen. Soziale Herkunft oder kultureller Hintergrund spielen dabei keine Rolle.

Menschen, die schikanieren, unterscheiden sich vom Aussehen her ebenso wenig wie ihre Opfer. Jemanden, der schikaniert, erkennt man an seinen Handlungen.

Diskussionspunkte

1. Verwenden Sie die Zeichnungen auf dem Arbeitsblatt von Seite 33 und Fotos aus Zeitschriften, um den Schülern klar zu machen, dass Leute, die andere schikanieren, völlig verschieden aussehen können. Es ist wichtig, dass Sie keine Mitschüler aus der Klasse oder auch anderen Klassen als Beispiele heranziehen, um sie nicht – ob zu Recht oder Unrecht – als Schikanierer hinzustellen.
2. Nachdem Sie mit den Schülern besprochen haben, was jemand, der schikaniert, alles tun könnte, lassen Sie sie Verhaltensweisen von Leuten, die schikanieren, und von Leuten, die nicht schikanieren, gegenüberstellen. Halten Sie die Ergebnisse in zwei Spalten fest.

Wissen Sie, dass ...

... eher Jungen als Mädchen andere schikanieren (meist körperlich), aber auch eher Opfer von Schikanen werden?

Wie sieht jemand aus, der schikaniert?

Kannst du jemanden, der schikaniert, an seinem Aussehen erkennen?

Glaubst du, dass eins dieser Kinder andere schikanieren würde?

Danach, wie jemand aussieht, kannst du nicht beurteilen, ob er oder sie andere schikanieren würde. Eine Person, die schikaniert, kann klein oder groß, dünn oder dick, braunhaarig oder blond sein. Eine Person, die schikaniert, kann ein Junge oder ein Mädchen sein.

Jemanden, der andere schikaniert, kannst du nur daran erkennen, wie er oder sie handelt.

❶ Male die Felder farbig aus, in denen steht, was einer, der schikaniert, so alles tun könnte.

umarmt dich	nimmt dir deine Sachen weg	gibt dir Spottnamen
sagt gemeine Sachen zu dir	erfindet etwas über dich	zwickt dich
boxt dich	schaut dich böse an	ist höflich zu dir	sagt nette Sachen zu dir
lässt dich nicht mitmachen	stellt dir ein Bein	ist freundlich zu dir

❷ Was könnte eine Person, die andere schikaniert, noch alles tun?

_____

_____

_____

Leslea Carter/Jenny Nitert: Schikane unter Schülern – nein danke!
© Persen Verlag GmbH. Als Kopiervorlage freigegeben

Warum schikaniert jemand einen anderen?

Warum schikaniert jemand andere?

Anmerkungen für die Lehrkraft

Lernziele

- Die Schüler verstehen einige der Gründe, warum jemand andere schikaniert.
- Die Schüler begreifen, warum sich jemand möglicherweise auf die Seite einer Person schlägt, die andere schikaniert.

Hintergrundinformationen

Menschen, die andere schikanieren, tun dies aus allen möglichen Gründen. Sie tun es vielleicht von Anfang an absichtlich und finden Freude am Schikanieren. Möglicherweise gibt ihnen das ein Gefühl der Macht. Eine Person, die andere schikaniert, leidet nicht notwendigerweise an mangelndem Selbstbewusstsein oder Unsicherheit; viele haben ein normal oder überdurchschnittliches Selbstbewusstsein.

Sie sind allerdings aggressiver als andere und es fehlt ihnen an Einfühlungsvermögen. Das kann an einer schlechten häuslichen Erziehung, dem Fehlen guter Rollenmodelle oder an einem Charakterzug liegen, der in eine positive Richtung gelenkt werden muss.

Insgesamt können folgende Gründe ausschlaggebend sein:

- Jemand ist beunruhigt, wütend oder fühlt sich nicht zur Gemeinschaft gehörig.
- Jemand möchte knallhart wirken und sich produzieren.
- Jemand wird möglicherweise selbst in der Familie schikaniert.
- Jemand hat Angst, dass auf ihm herumgehackt wird, deshalb hackt er zuerst.
- Jemand kann sich selbst nicht leiden und lässt dies möglicherweise an anderen aus.
- Jemand glaubt, dass er dadurch beliebter wird.

Diskussionspunkte

1. „Warum, glaubst du, sagt der Junge auf dem Bild so etwas?" „Was wäre, wenn es stimmt – wenn der andere Junge tatsächlich keinen Ball fangen könnte?" „Ist es richtig, das zu sagen?"
2. „Was denken jetzt wohl die Freunde des Jungen, der den anderen schikaniert? Denken sie vielleicht, dass er ‚cool' ist, weil er so etwas sagt?" „Mögen sie ihn deswegen vielleicht lieber? Oder mögen sie ihn weniger gern?"
3. „Warum, glaubst du, bleiben Leute mit jemandem befreundet, der andere schikaniert?"
4. „Sollst du jemandem helfen, der schikaniert wird?" „Wie kannst du jemandem helfen, auf dem herumgehackt wird?"

Wissen Sie, dass ...

... Kinder anscheinend Schikanierern mehr positive Beachtung schenken als Kindern, die schikaniert werden?

Warum schikaniert jemand andere?

Es gibt viele Gründe, warum Leute andere schikanieren. Manchmal glauben Personen, die andere schikanieren, dass sie dadurch größer, besser oder stärker wirken oder beliebter werden.

Du kannst nicht mal einen Ball fangen. Ha, ha, ha!

❶ Warum, glaubst du, sagt dieser Junge das zu dem anderen?

_____

_____

❷ Schreibe in die beiden Gedankenblasen, was die Freunde des Jungen, der schikaniert, wohl denken.

Manchmal tun Leute auch nur so, als ob sie jemanden, der andere schikaniert, mögen. Sie haben Angst davor, dass diese Person auch auf ihnen herumhackt. Es ist aber wichtig, mutig einem anderen zu Hilfe zu kommen.

❸ Schreibe hier auf, wie du jemandem helfen könntest, auf dem ein anderer herumhackt.

_____

_____

_____

Warum schikaniert jemand einen anderen?

Wie benimmt sich einer, der andere schikaniert?

Anmerkungen für die Lehrkraft

Lernziele

Die Schüler begreifen, dass die Geheimhaltung von Schikanen den Schikanierern mehr Macht gibt.

Hintergrundinformationen

Es gibt mehrere Gründe dafür, warum schikanierte Schüler nichts darüber verlauten lassen.

Einige davon sind:

- Sie glauben, dass es sonst noch schlimmer wird und sie noch mehr aushalten müssen.
- Sie meinen, dass sie dadurch als Schwächlinge dastehen, die nicht allein zurechtkommen.
- Sie möchten nicht als „Petzen" abgestempelt werden.
- Sie denken, dass Lehrkräfte ihnen nicht helfen können oder werden. Sie haben sich bereits jemandem anvertraut und haben keine Beachtung gefunden; deshalb erscheint es ihnen zwecklos, es noch einmal zu versuchen.

Der häufigste Grund ist Angst.

Diskussionspunkte

1. „Was ist ein Geheimnis?" „Ist es verkehrt, ein Geheimnis zu verraten?"
2. „Welche Dinge sollten kein Geheimnis bleiben?" Sprechen Sie mit den Schülern über die Bilder zur ersten Aufgabe auf dem Arbeitsblatt (Seite 37).
3. Lassen Sie die Schüler Gründe nennen, warum jemand, der schikaniert wird, das möglicherweise geheim hält, und notieren Sie die Antworten.
4. „Was wird eine Person, die andere schikaniert, wohl tun, wenn ihre Schikanen geheim bleiben?"
5. Diskutieren Sie mit den Schülern darüber, was der Junge in Aufgabe 2 tun könnte. Die Schüler sollten einige Vorschläge in Rollenspielen darstellen.

Wissen Sie, dass ...

... die meisten Opfer von Schikanen niemandem erzählen, dass sie schikaniert werden?

Wie benimmt sich einer, der andere schikaniert?

Einer, der schikaniert, weiß recht gut, wann er sich falsch verhält. Meistens versucht so jemand, sein Benehmen vor den Erwachsenen geheim zu halten, um keine Schwierigkeiten zu bekommen. Er versucht möglicherweise zu erreichen, dass die anderen seine Schikanen ebenfalls verschweigen.

❶ Sollte das ein Geheimnis bleiben? Sprecht über die Bilder.

Bild 1: Ja / Nein *Bild 2:* Ja / Nein *Bild 3:* „Sag das ja niemandem, sonst geht's dir schlecht!" Ja / Nein

❷ Warum spricht jemand, der schikaniert wird, möglicherweise nicht mit anderen darüber?

(I) _____

(II) _____

(III) _____

(IV) _____

Wenn Schikanen geheim gehalten werden, bekommt die Person, die schikaniert, mehr Macht. Sie wird immer wieder andere schikanieren.

> Jeden Tag sagt Mark zu mir, dass er mich in der Pause kriegen wird.
> Seitdem geh ich nicht mehr in den Pausenhof.
> Ich habe es dem Lehrer erzählt, aber Mark behauptet einfach, das hätte er nicht gesagt.

❸ Was könnte dieser Junge tun?

_____

_____

_____

Warum schikaniert jemand einen anderen?

Wie fühlt sich jemand, der andere schikaniert?

Anmerkungen für die Lehrkraft

Lernziele
- Die Schüler erkennen, dass jemand, der andere schikaniert, möglicherweise dadurch seine eigenen Gefühle verbergen will.
- Die Schüler machen Vorschläge, wie sie selbst und die Person, die schikaniert, die Schikanen verhindern könnten.

Hintergrundinformationen
In den Situationen auf dem Arbeitsblatt schikanieren die Schüler, weil sie zu wenig Selbstbewusstsein haben (das ist aber nicht immer der Fall; s. S. 35).

Wissen Sie, dass ...
... Schüler, die andere schikanieren, im Laufe der Zeit immer unbeliebter werden, bis sie schließlich von der Mehrheit ihrer Mitschüler abgelehnt werden?

Wie fühlt sich jemand, der andere schikaniert?

Manchmal wollen Leute, die andere schikanieren, nur ihre eigenen Gefühle verstecken.

❶ Was könnte man tun, damit sich diese Leute besser fühlen und mit dem Schikanieren aufhören?

Was könnten sie tun?	Was könntest du tun?

- Es ist mir egal, wenn es anderen meinetwegen schlecht geht. Mich mag sowieso keiner leiden.

- Wenn ich denen nicht zeige, dass ich ein harter Kerl bin, hacken sie vielleicht auf mir herum.

- Alle finden mich dumm. Wenn ich auf ihnen herumhacke, müssen sie mir zuhören.

- Wenn ich bei ihren Schikanen nicht mitmache, will sie mich vielleicht auch aus der Gruppe raus haben.

Leslea Carter/Jenny Nitert: Schikane unter Schülern – nein danke!
© Persen Verlag GmbH. Als Kopiervorlage freigegeben

Warum schikaniert jemand einen anderen?

Was mich wütend macht

Anmerkungen für die Lehrkraft

Lernziele

Die Schüler begreifen, welche Situationen Wut in ihnen auslösen und welche Gefühle mit Wut verbunden sind.

Hintergrundinformationen

Allein die Tatsache, dass jemand seine Wut zeigt, heißt noch nicht, dass er andere schikaniert. Wenn dieses Verhalten aber wiederholt auftritt und körperlich oder verbal ins Extreme geht, kann es zur Schikane werden. Schüler, die andere schikanieren, lösen Konflikte allerdings bereitwilliger auf aggressive Weise.

Diskussionspunkte

1. Lassen Sie die Schüler sammeln, welche Situationen in ihnen Wut auslösen, und notieren Sie an der Tafel mit.
2. „Welche Gefühle hast du, wenn du wütend bist?" – „Wie schaust du dabei aus?" „Was tust du dann?" „Welche Dinge, die du tust, sind in Ordnung?" „Welche sind nicht in Ordnung?"
3. „Darf man ab und zu richtig wütend sein?" „Wann?"
4. Die Schüler können die Situationen, die sie unter Nr. 1 des Arbeitsblatts von Seite 41 beschrieben und gezeichnet haben, in Rollenspielen darstellen.

Wissen Sie, dass ...

... die Fähigkeit von Kindern zur Interpretation von Gefühlen beeinträchtigt wird, wenn sie miterleben, dass Erwachsene ihre Wut offen ausleben?

Was mich wütend macht

Manche Dinge können einen richtig wütend machen. Warst du schon einmal richtig wütend?

❶ Denke an etwas, das dich einmal sehr wütend gemacht hat. Zeichne es auf. Schreibe dazu, was auf deinem Bild passiert.

Manchmal machen Leute schlimme Sachen, wenn sie wütend sind. Später wünschen sie sich wahrscheinlich, sie hätten sie nicht gemacht.

Es ist nie in Ordnung, wenn man aus Wut schlimme Dinge tut.

❷ Male die Felder farbig aus, auf denen steht, wie du dich gefühlt hast, als du richtig wütend warst.

❸ Mache ein rotes Kreuz über die Felder, auf denen steht, was man vielleicht gern tun würde – aber was man niemals tun darf.

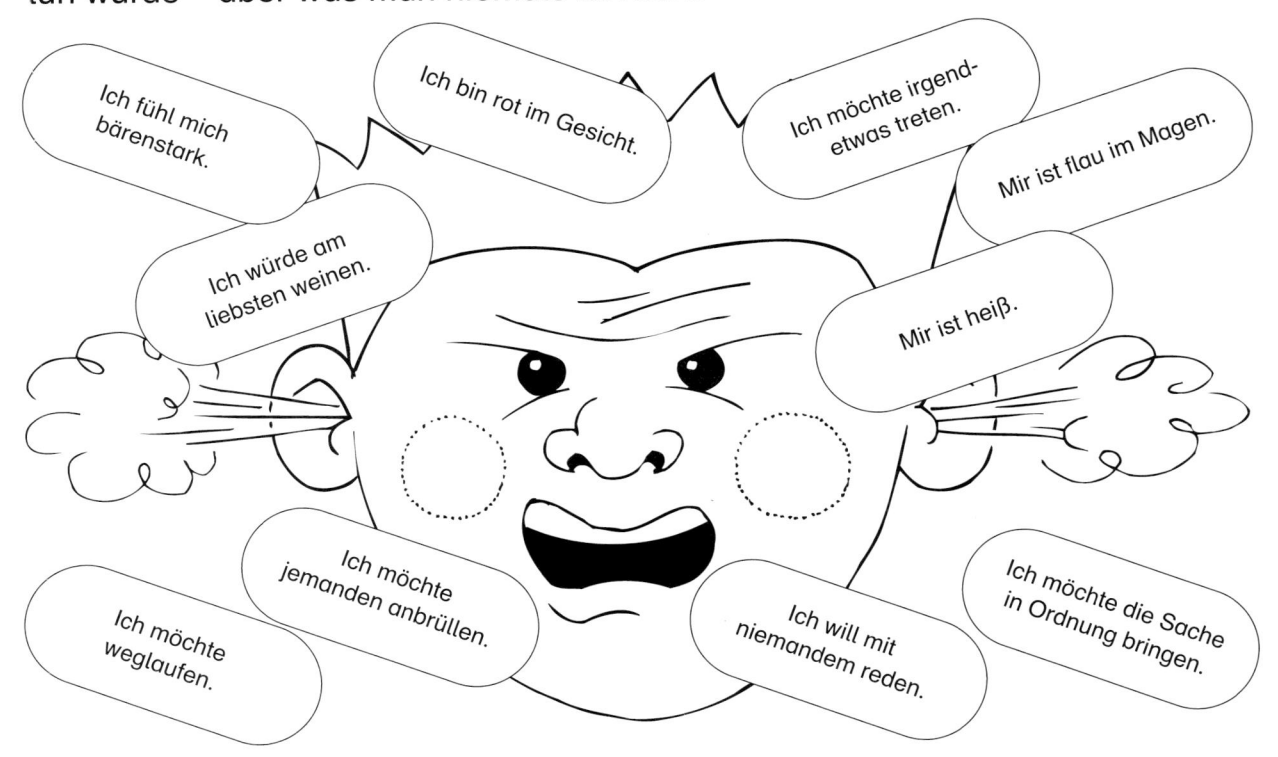

- Ich fühl mich bärenstark.
- Ich bin rot im Gesicht.
- Ich möchte irgendetwas treten.
- Mir ist flau im Magen.
- Ich würde am liebsten weinen.
- Mir ist heiß.
- Ich möchte weglaufen.
- Ich möchte jemanden anbrüllen.
- Ich will mit niemandem reden.
- Ich möchte die Sache in Ordnung bringen.

Leslea Carter/Jenny Nitert: Schikane unter Schülern – nein danke!
© Persen Verlag GmbH. Als Kopiervorlage freigegeben

Warum schikaniert jemand einen anderen?

Was soll ich machen, wenn ich wütend bin?

Anmerkungen für die Lehrkraft

Lernziele

Die Schüler erarbeiten, wie man mit Wutgefühlen umgehen kann.

Hintergrundinformationen

Sie als Lehrkraft können jüngeren Kindern dabei helfen, mit ihrer Wut in einer sozial akzeptablen Weise umzugehen. Nicht akzeptabel ist es, Wutgefühle durch Schlagen und Schubsen, Schmollen, demonstratives Weinen oder ständiges Hilfesuchen bei Erwachsenen auszuleben.

Ermuntern Sie die Schüler dazu, den Schritten auf dem Arbeitsblatt zu folgen, mit deren Hilfe sie ihre Wut besser bewältigen können. Wenn sie über ihre eigenen Gefühle sprechen können und lernen, sich in andere hineinzuversetzen, können sie ihre Gefühle leichter in den Griff bekommen.

Lehrkräfte können sie darin unterstützen, indem sie den Schülern zuhören und ihnen Anregungen geben, mit welchen Handlungen und Gefühlen sie auf verschiedene Situationen, die bei ihnen Wut auslösen, reagieren könnten.

Diskussionspunkte

1. „Ist es in Ordnung, wenn man mal wütend wird?" „Welche Dinge sollte man lieber nicht tun, wenn man wütend ist?"
 „Was tust du, wenn du wütend bist?"
2. „Ist es in Ordnung, wenn man einem anderen aus Wut wehtut oder seine Gefühle verletzt?"
3. „Was könntest du tun, wenn du merkst, dass du wütend wirst?"
4. Lassen Sie die Schüler in Rollenspielen eine Situation darstellen, in der sich bei den Beteiligten Wut aufbaut und in der sie die auf dem Arbeitsblatt (Seite 43) genannten Schritte anwenden, um Kontrolle über ihre Gefühle zu bekommen.

Wissen Sie, dass ...

... die Fähigkeit von Kindern zur Interpretation von Gefühlen beeinträchtigt wird, wenn sie miterleben, dass Erwachsene ihre Wut offen ausleben?

Was soll ich machen, wenn ich wütend bin?

Es ist nie in Ordnung, wenn man aus Wut schlimme Dinge tut!

Warum hast du meinen Turm kaputtgemacht?

Weil ich WÜTEND bin!

Menschen reagieren ganz verschieden, wenn sie wütend sind. Oft nimmt jemand, der einen anderen schikaniert, seine Wut nur als Vorwand, damit er anderen etwas Schlimmes antun kann.

Wenn du wütend wirst, hast du die Wahl, wie du dich benimmst. Nur, weil du wütend bist, musst du nicht unbedingt schlimme Dinge tun!

Wenn die Wut in dir hochsteigt, solltest du:

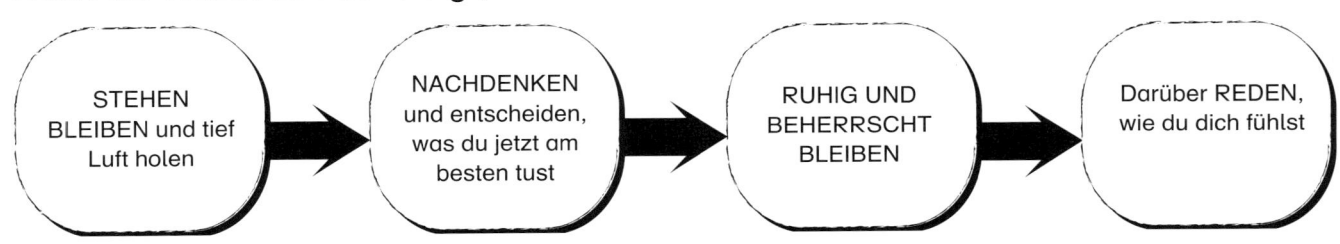

STEHEN BLEIBEN und tief Luft holen ➡ NACHDENKEN und entscheiden, was du jetzt am besten tust ➡ RUHIG UND BEHERRSCHT BLEIBEN ➡ Darüber REDEN, wie du dich fühlst

❶ Was tust du, wenn du wütend bist?

_____
_____

❷ Tust du mit deinem Benehmen anderen weh oder verletzt du ihre Gefühle?   (Ja) (Nein)

❸ Solltest du dich anders benehmen, wenn du wütend bist?   (Ja) (Nein)

❹ Was könntest du tun, wenn du die Wut in dir aufsteigen fühlst?

_____
_____
_____

Wie fühlt sich jemand, der schikaniert wird?

Jeder sollte sich sicher fühlen können

Anmerkungen für die Lehrkraft

Lernziele

Die Schüler verstehen, dass man durch Schikanen jemandem wehtun kann, und dass jeder ein Recht darauf hat, sich sicher zu fühlen.

Hintergrundinformationen

Körperliche Schikanen wie Schubsen, Schlagen, das Bein stellen, Zwicken oder Spucken können dazu führen, dass jemand verletzt wird. Vielleicht ist das nicht immer beabsichtigt, aber die möglichen Folgen sollten mit den Schülern besprochen werden.

Diskussionspunkte

1. „Was passiert auf dem Bild?" „Was, glaubst du, könnte als Nächstes geschehen?"
2. „Ist es verkehrt, jemanden zu schubsen?" „Ist Schubsen eine Schikane?" „Wann kann es eine Schikane sein?"
3. „Was sollte mit dem Jungen auf dem Bild passieren, der den anderen schubst?"
4. „Ist dir schon einmal so etwas passiert?"

Wissen Sie, dass ...

... körperliche Schikanen mit dem Älterwerden der Kinder zurückgeht, aber indirekte Schikanen wie Ausschluss aus Gruppen zunehmen?

Jeder sollte sich sicher fühlen können

Jeder hat ein Recht darauf, sich sicher zu fühlen.

❶ a) Was passiert auf diesem Bild? _____

b) Was, glaubst du, könnte als Nächstes passieren?

_____
_____
_____
_____
_____

c) Was sollte deiner Meinung nach mit dem Jungen, der den anderen schubst, passieren?

_____
_____

Schubsen, schlagen, spucken, das Bein stellen oder zwicken können verschiedene Formen von Schikanen sein.

❷ Hast du schon einmal solche Schikanen gesehen oder selbst erlebt? Zeichne ein Bild davon und schreibe etwas dazu auf.

Wie fühlt sich jemand, der schikaniert wird?

Im Sandkasten

Anmerkungen für die Lehrkraft

Lernziele

- Die Schüler ordnen Bilder, die schikanierendes Verhalten beim Sandspielen darstellen, in der richtigen Reihenfolge an.
- Die Schüler machen Vorschläge, wie sie selbst mit dieser Situation umgehen könnten.

Diskussionspunkte

1. Besprechen Sie mit den Schülern, was auf jedem Bild (Seite 47) passiert und in welcher Reihenfolge sie nach dem Ausschneiden aufgeklebt werden müssen.
2. „Was, glaubst du, könnte als Nächstes passieren?" (Der Junge könnte die beiden wirklich mit Sand bewerfen und ihnen wehtun, wenn er in die Augen trifft; die spielenden Kinder könnten den Kipplaster hergeben und der Junge, der sie schikaniert, hätte damit „gewonnen"; die beiden könnten den Jungen überreden zu warten, bis er an der Reihe ist; die beiden könnten es einem Lehrer sagen etc.)
3. Die Schüler sollen die Bildergeschichte in Dreiergruppen darstellen und dabei die Vorschläge für den weiteren Verlauf der Handlung durchspielen.

Wissen Sie, dass ...

... in vier von fünf Fällen ein Streit mit einer Person, die andere schikaniert, mit einer körperlichen Auseinandersetzung endet?

Im Sandkasten

Betrachte die Bilder.

Male sie zuerst farbig an, dann schneide sie aus und klebe sie in der richtigen Reihenfolge auf ein Blatt. Zeichne in dem leeren Feld auf, wie du mit dieser Situation umgehen würdest.

Bild 1: "Ich werf mit Sand, wenn ihr ihn nicht sofort hergebt!"

Bild 2: "Nein, ich will ihn sofort haben!"

Bild 3: (zwei Kinder spielen zufrieden mit dem Kipplaster)

Bild 4: "Wir sind gleich mit dem Spielen fertig!" – "Du kannst ihn bald haben!"

Bild 5: "Ich will den Kipplaster haben!"

Leslea Carter/Jenny Nitert: Schikane unter Schülern – nein danke!
© Persen Verlag GmbH. Als Kopiervorlage freigegeben

Wie fühlt sich jemand, der schikaniert wird?

Schikanen können einem Kummer machen

Anmerkungen für die Lehrkraft

Lernziele
- Die Schüler verstehen, wie sich Schikanen auf das Wohlergehen und die Lernfähigkeit einer Person auswirken können.

Hintergrundinformationen

Ein Teil der Kinder, die Opfer von Schikanen sind, hat oft mangelndes Selbstbewusstsein, ist überempfindlich, fühlt sich unsicher und ist meist kleiner oder schwächer als die Person, die sie schikaniert. Letztere besitzt körperliche und, was noch wichtiger ist, psychologische Überlegenheit.
Die Opfer verhalten sich oft passiv oder unterwürfig und revanchieren sich nicht für die Schikanen.

Andere Opfer lösen Spannungen aus und belästigen andere durch ihr aktives, störendes Verhalten. Wenn sie schikaniert werden, revanchieren sie sich dafür.

Ständiges Schikanieren kann kurz- und langfristige Folgen haben. Dazu gehören:
- Die Belastung und die depressiven Gefühle können zu Magen- oder Kopfschmerzen, übermäßigem Weinen oder Schreien, Bettnässen, Alpträumen oder Schlafstörungen führen.
- Mit dem Selbstwertgefühl sinkt auch das Selbstbewusstsein.
- Opfer von Schikanen gehen möglicherweise nur widerwillig zur Schule.

Es ist wichtig, schikanierendes Verhalten zu einem frühen Zeitpunkt anzugehen, da es später sowohl beim Täter wie auch beim Opfer schwierig wird, den Kreislauf zu durchbrechen.

Diskussionspunkte

1. „Wenn du Kummer hast, welche Gefühle hast du dabei?"
2. „Hattest du schon einmal Kummer, weil dich jemand schikaniert hat?"
3. „Was könntest du tun, wenn du Kummer wegen Schikanen hast?"

Wissen Sie, dass...

... 8 % aller Schüler einen Tag pro Monat in der Schule fehlen, um Schikanen aus dem Weg zu gehen?

Schikanen können einem Kummer machen

Wenn einen jemand die ganze Zeit schikaniert, dann kann einen das ziemlich aufregen und der Kummer wird immer größer. Was kann mit einem passieren, der Kummer hat?

- Es kann einem **übel werden**.
- Man kann **Bauchweh** bekommen.
- Man kann **Kopfweh** bekommen.
- Man muss oft **weinen**.

❶ Was könnte noch mit einem passieren? _____

❷ Setze die fett gedruckten Wörter von oben an den richtigen Stellen ein; so beschreibst du, was jemandem passieren kann, der wegen Schikanen Kummer hat.

| Er oder sie muss vielleicht _____. (Ergänze die Tränen.) | Er oder sie kann _____ bekommen. (Male die Stelle farbig, an der es wehtut.) |

| Er oder sie kann _____ bekommen. (Male die Stelle farbig, an der es wehtut.) | Ihm oder ihr kann _____. (Male die Stelle farbig, an der man das fühlt.) |

❸ Welche Auswirkungen könnte das alles haben? _____

Wenn man Kummer hat, ist es schwieriger, im Unterricht zuzuhören und zu lernen.
Jeder hat ein Recht darauf, ungestört und kummerfrei lernen zu können.

❹ Was könntest du tun, wenn du wegen Schikanen Kummer hast? _____

Leslea Carter/Jenny Nitert: Schikane unter Schülern – nein danke!
© Persen Verlag GmbH. Als Kopiervorlage freigegeben

Wie fühlt sich jemand, der schikaniert wird?

Wie fühlst du dich dabei?

Anmerkungen für die Lehrkraft

Lernziele

Die Schüler ordnen Gesichter, die verschiedene Gefühle ausdrücken, Situationen zu, in denen schikaniert wird.

Hintergrundinformationen

Abhängig davon, ob die Schüler selbst schikaniert werden oder die Tendenz zeigen, andere zu schikanieren, werden sie den einzelnen Situationen unterschiedliche Gesichter bzw. Gefühle zuordnen.

Diskussionspunkte

1. Gehen Sie mit den Schülern verschiedene Gefühle durch und zeichnen Sie dazu jeweils ein Gesicht, das diese Gefühle repräsentiert, an die Tafel. Notieren Sie zu jeder Gefühlslage, die die Schüler benennen, entsprechende Situationen. Es gibt möglicherweise Situationen, die mehrere Gefühle hervorrufen, z. B. die eigene Geburtstagsparty (froh, gespannt).
2. „Was passiert auf jedem Bild?" „Wie fühlen sich die Personen, die schikaniert werden?" „Wie würdest du dich an ihrer Stelle fühlen?"
3. „Was könntest du tun, wenn du an der Stelle einer dieser Personen wärst?" „Was könntest du tun, wenn du einer der Zuschauer wärst?"

Wissen Sie, dass ...

... es drei Möglichkeiten gibt, auf Schikanen zu reagieren: passiv, aggressiv oder durch selbstsicheres Auftreten? Im Allgemeinen neigen Menschen, die schikanieren, zur Aggressivität, während sich ihre Opfer eher passiv verhalten.

Wie fühlst du dich dabei?

❶ Schaue dir diese Bilder an. Male dann das Gesicht farbig an, das ausdrückt, wie du dich fühlen würdest, wenn dir so etwas passiert.

bekümmert wütend traurig ängstlich

Matthias hat Ben den Stift weggenommen.
Das ist nicht wahr!

Du kannst ja nicht mal einen Ball fangen. Ha, ha, ha!

Au!

Oh, je! Jemand hat mir mein Pausenbrot weggenommen!

Leslea Carter/Jenny Nitert: Schikane unter Schülern – nein danke!
© Persen Verlag GmbH. Als Kopiervorlage freigegeben

Was können wir tun?

Probleme, die ich lösen kann

Anmerkungen für die Lehrkraft

Lernziele
Die Schüler wenden in Diskussionen und Rollenspielen Problemlösungsstrategien an.

Hintergrundinformationen
Schüler, die in Diskussionen oder Rollenspielen Problemlösungsstrategien lernen, können Fertigkeiten für positive Verhaltensweisen und Beziehungen erwerben und entwickeln.

Diskussionspunkte
1. „Bist du immer damit einverstanden, was ein anderer sagt oder tut?" „Sollte jeder immer der gleichen Meinung sein wie du?" „Solltest du immer die gleiche Meinung haben wie die anderen?"
2. „Was tust du, wenn du ein Problem hast?" „Bist du ein fairer Problemlöser?" „Bist du gut im Lösen von Problemen?"
3. (Diskutieren Sie mit den Schülern über die Regeln zur Problemlösung auf dem Arbeitsblatt von Seite 53.) „Wie würdest du das Problem auf dem oberen Bild lösen?" (Lassen Sie die Schüler über ihre Anregungen diskutieren und in Rollenspielen darstellen.)

Wissen Sie, dass…
… bei Schikanen die einzelnen Vorfälle im Durchschnitt nicht länger als 37 Sekunden dauern?

Probleme, die ich lösen kann

Wir Menschen sind alle verschieden. Wir tun und wollen verschiedene Dinge. Manchmal sind wir nicht der gleichen Meinung wie die anderen, und dabei können Probleme entstehen.

❶ Lies dir die „Regeln zur Problemlösung" durch und sprich mit den anderen darüber, wie man das Problem auf dem Bild lösen könnte.

Darf ich bei euch mitspielen?

Nein, wir wollen dich nicht dabeihaben.

Regeln zur Problemlösung

- Versuche, Probleme so zu lösen, dass **jeder** einen **Vorteil** davon hat.
- Teile den anderen deine Meinung mit.
- **Höre** den anderen bereitwillig **zu**.
- **Entschuldige dich,** wenn du die Gefühle eines anderen verletzt hast.
- **Sei fair** zu anderen.

❷ Schreibe in die Sprechblasen, was die Kinder sagen könnten, um ihr Problem zu lösen.

❸ Bist du ein guter Problemlöser?   Ja   Nein

Leslea Carter/Jenny Nitert: Schikane unter Schülern – nein danke!
© Persen Verlag GmbH. Als Kopiervorlage freigegeben

Was können wir tun?

Was kann ich tun, wenn ich schikaniert werde?

Anmerkungen für die Lehrkraft

Lernziele
Die Schüler ordnen vier Handlungsvorschläge vier Bildern zu, die verschiedene Schikanen darstellen.

Hintergrundinformationen
Die Schüler müssen unbedingt einsehen, dass Schikanen nicht geduldet werden dürfen, und dass sie sich nicht damit abfinden sollten, wenn sie selbst schikaniert werden.

Das Arbeitsblatt von Seite 55 gibt Ihnen einige Anregungen, wie sie mit Schikanen fertig werden können.

Es gibt einige Dinge, die die Schüler **nicht** tun sollten:
1. Versuchen, mit dem Problem allein fertig zu werden – es ist richtig, sich Hilfe zu holen.
2. Übertreiben oder nicht alles wahrheitsgemäß berichten – wenn sich zeigt, dass Teile ihrer Erzählung nicht wahr sind, kann die ganze Situation zweifelhaft erscheinen.
3. Vergeltung mit Schlägen usw. üben – es könnte sein, dass sie dann selbst beschuldigt werden, andere zu schikanieren.

Diskussionspunkte
1. Sprechen Sie mit den Schülern darüber, dass jeder ein Recht darauf hat, sich sicher zu fühlen, und dass niemand es verdient, schikaniert zu werden.
2. „Was solltest du tun, wenn du schikaniert wirst?" (Lassen Sie die Schüler Vorschläge machen.) – „Was könnte passieren, wenn du gar nichts tust?" (Diskutieren Sie mit den Schülern über die Tatsache, dass jemand, der andere schikaniert, so lange damit weitermacht, bis man ihn daran hindert.)
3. Die ersten drei Bilder auf dem Arbeitsblatt von Seite 55 zeigen, was Schüler versuchen können, um die Schikanen abzustellen. In weniger schweren Fällen ist es sinnvoll, dass die Kinder den Konflikt erst einmal alleine zu lösen versuchen, bevor sie andere um Hilfe bitten. Jedes der drei Bilder zeigt selbstsicheres, aber ruhiges und vernünftiges Verhalten. Diskutieren Sie diese Möglichkeiten mit den Schülern.
4. Auf dem vierten Bild bittet der Junge einen Erwachsenen um Hilfe. Fragen Sie die Schüler, welche Personen sie kennen, denen sie sich anvertrauen könnten (Lehrer, Eltern, ältere Freunde usw.). Die Schüler dürfen nun die Personen, zu denen sie Vertrauen haben, zeichnen und die Bilder beschriften.

Wissen Sie, dass ...
... viele Erwachsene nicht wissen, wie sie bei Schikanen eingreifen sollen und deshalb bei solchen Situationen lieber wegsehen?

Was kann ich tun, wenn ich schikaniert werde?

Niemand verdient, schikaniert zu werden!
Niemand hat das Recht, einem anderen wehzutun!

Wenn du schikaniert wirst, musst du etwas DAGEGEN TUN.

Jemand, der andere schikaniert, macht so lange weiter, bis er daran gehindert wird.

Es gibt einige gute Möglichkeiten, auf Schikanen zu reagieren.

❶ Schneide die Streifen, auf denen diese Möglichkeiten stehen, aus und klebe sie unter die passenden Bilder.

[Bildergeschichte mit vier Szenen:]

Bild 1: "Ich mag nicht, dass du mich so nennst. Mach das bitte nicht noch mal!"

Bild 2: "Hier sind wir vor ihm sicher."

Bild 3: "Ich bin ganz schön wütend, aber ich hau nicht zurück." — "Ha, ha, ha!"

Bild 4: "Helfen Sie mir bitte! Ich werde schikaniert."

| Einen sicheren Platz suchen. Mit anderen Leuten zusammenbleiben. | Der Person, die schikaniert, sagen, dass man das nicht will. |
| Nicht zurückschlagen oder zu streiten anfangen. Stärke zeigen und weggehen. | Zu einem Erwachsenen, dem man vertraut, gehen und ihm wahrheitsgemäß erzählen, was passiert ist. |

Leslea Carter/Jenny Nitert: Schikane unter Schülern – nein danke!
© Persen Verlag GmbH. Als Kopiervorlage freigegeben

Was können wir tun?

Sich an die Lehrkraft wenden

Anmerkungen für die Lehrkraft

Lernziele

- Die Schüler verstehen einige mögliche Gründe für das Verschweigen von Schikanen.
- Die Schüler sehen ein, dass es wichtig ist, die Wahrheit zu sagen.

Hintergrundinformationen

Unter Umständen wenden sich Schüler ungern an einen Lehrer, weil

- sie nicht als „Petzen" dastehen wollen;
- sie meinen, dass es die Sache nur noch schlimmer machen würde;
- sie glauben, dass ihnen ein Lehrer nicht helfen kann.

Die Schüler müssen einsehen, dass Schikanen nicht geduldet werden dürfen und dass sie nur gestoppt werden können, wenn man offen mit ihnen umgeht. Schikanierte Kinder, die sich nicht einem Erwachsenen anvertrauen, geben den Schikanierern eine noch bessere Chance, damit weiterzumachen. Deswegen bemühen sich Täter auch so sehr, ihre Opfer zum Stillschweigen zu bewegen.

Die Schüler sollten auch verstehen, wie wichtig es ist, die Wahrheit zu sagen. Wenn sich einiges von dem, was sie sagen, als unwahr herausstellt, kann die ganze Situation in Zweifel gezogen werden. Außerdem müssen sie lernen, zwischen einer freundschaftlichen Neckerei und einer wiederholt geäußerten, absichtlich verletzenden Bemerkung zu unterscheiden.

Diskussionspunkte

1. „Warum hat ein Lehrer oft Schwierigkeiten zu entscheiden, wer die Wahrheit sagt?" „Warum ist es so wichtig, immer die Wahrheit zu sagen?"
2. „Hat schon einmal jemand eine erfundene Geschichte über dich erzählt?" „Wie hast du dich dabei gefühlt?"
3. „Wann solltest du dem Lehrer von etwas berichten, das dir passiert ist?"
4. „Warum hat jemand möglicherweise Angst davor, dem Lehrer zu erzählen, dass er schikaniert wird?"
5. „Warum wollen Leute, die andere schikanieren, dass das ein Geheimnis bleibt?"

Wissen Sie, dass ...

... über 70 % aller Lehrer angeben, dass sie immer gegen Schikanen einschreiten, aber nur 25 % der Schüler dies bestätigen?

Sich an die Lehrkraft wenden

Einige Schüler, die schikanieren, erzählen Lehrern unwahre, selbst erfundene Geschichten, um andere in Schwierigkeiten zu bringen.

Es kann für einen Lehrer schwierig sein zu entscheiden, wer die Wahrheit sagt!

❶ Hat schon einmal jemand einem Lehrer eine unwahre Geschichte über dich erzählt?

Ich werde schikaniert – aber ich möchte es dem Lehrer nicht erzählen.

❷ Wie hast du dich dabei gefühlt?

_____

❸ Schreibe drei Gründe auf, warum Sandra möglicherweise dem Lehrer nicht erzählen will, dass sie schikaniert wird.

(I) _____

_____

(II) _____

_____

(III) _____

Wenn du schikaniert wirst, musst du nicht allein damit fertig werden – wende dich an eine Lehrkraft!

Leute, die schikanieren, werden wahrscheinlich versuchen, die anderen zum Stillschweigen zu bewegen.

Sage dem Lehrer die Wahrheit darüber!

Behalte Schikanen nicht für dich!

Sage das ja nicht dem Lehrer, sonst geht's dir schlecht!

❹ Warum will wohl jemand, der dich schikaniert, nicht, dass du es dem Lehrer erzählst?

_____

_____

❺ Warum ist es so wichtig, dem Lehrer die Wahrheit zu sagen?

_____

_____

Was können wir tun?

Anderen helfen

Anmerkungen für die Lehrkraft

Lernziele

- Die Schüler können Gründe dafür nennen, warum sich jemand auf die Seite einer Person schlägt, die andere schikaniert.
- Die Schüler sehen ein, dass sie Mitverantwortung tragen, wenn sie Zeugen von Schikanen werden.

Hintergrundinformationen

Schüler, die Schikanen beobachten, können unterschiedlich reagieren:

- Sie unterstützen durch Mitmachen die Person, die schikaniert.
- Sie unterstützen durch Dabeistehen, Lachen und ermutigende Zurufe die Person, die schikaniert.
- Sie verhalten sich völlig unbeteiligt.
- Sie helfen dem Opfer der Schikanen, indem sie den Täter zum Aufhören auffordern, einen Erwachsenen herbeiholen etc.

Üblicherweise finden Schikanen in einer Situation statt, in der die Person, die schikaniert, ein „Publikum" hat. Das können fremde Kinder oder Freunde sein. Wenn allerdings ein Erwachsener, zum Beispiel ein Lehrer, in der Nähe ist, ist die schikanierende Person oft sehr vorsichtig, damit der Erwachsene nicht merkt, was vor sich geht.

Wenn eine Gruppe von Kindern andere schikaniert, gibt es oft einen „Anführer" und „Anhänger", die sich den Worten oder Taten des „Anführers" anschließen. Manchmal sind die „Anhänger" nicht ganz einverstanden mit dem, was ihr „Anführer" tut, aber sie fühlen sich zum Mitmachen verpflichtet. Diese Erscheinung nennt man „Gruppenzwang".

Wenn Lehrer mit Schülern offen darüber diskutieren, auf welche Art man Opfern von Schikanen helfen kann, trägt dies zu einer gewaltfreien Atmosphäre an der Schule bei.

Diskussionspunkte

1. „Was passiert auf dem Bild deines Arbeitsblatts?"
2. „Warum sind die anderen wohl mit dem Jungen, der hier schikaniert, einverstanden?" „Ist ihre Zustimmung auch eine Schikane?"
3. „Zwei Mitschüler, die zusehen, lachen zwar dazu, aber sie sind eigentlich nicht mit dem einverstanden, was der Junge macht. Warum, glaubst du, verhalten sie sich so?"
4. „Soll man Michael helfen?" „Warum?"
5. „Wie könnte man Michael in dieser Situation helfen?"
6. Erarbeiten Sie mit den Schülern Möglichkeiten, schikanierten Mitschülern zu helfen.

Wissen Sie, dass…

… Statistiken Folgendes belegen: Alle 7 Minuten wird ein Kind von anderen schikaniert, in 4 % der Fälle greifen Erwachsene ein, in 11 % der Fälle Gleichaltrige und in 85 % der Fälle niemand.

Anderen helfen

Betrachte dieses Bild an und beantworte dann die Fragen dazu.

Hau zu, hau zu! — *Steh auf!* — *Ha, ha, ha!* — *Holger ist so fies, der könnte mir auch wehtun.* — *Ha, ha, ha!* — *Ich glaub, Michael weint!* — *So ein Baby!* — *Hoffentlich lässt Holger mich in Ruhe.*

❶ Beschreibe, was auf dem Bild passiert. _____

❷ Warum, glaubst du, unterstützen die anderen den Kampf? _____

❸ Ist das, was die anderen tun, auch Schikane?   **Ja**   **Nein**

❹ Wie könnte man hier Michael helfen und gleichzeitig selbst außer Gefahr bleiben?

Wenn du weißt, dass jemand schikaniert wird – dann tu was dagegen!

❺ Male die T-Shirts farbig an, auf denen steht, was **du** dagegen tun wirst, wenn jemand an deiner Schule schikaniert wird.

- Ich wende mich an den Lehrer.
- Ich schließe Freundschaft mit jemandem, der schikaniert wird.
- Ich spiele mit jemandem, der schikaniert wird.
- Ich lasse einen, während er andere schikaniert, links liegen.
- Ich sage einem, während er andere schikaniert, ganz offen, dass mir das nicht passt.
- Ich gestalte Poster, die sich gegen Schikanen wenden.

Leslea Carter/Jenny Nitert: Schikane unter Schülern – nein danke!
© Persen Verlag GmbH. Als Kopiervorlage freigegeben

Was können wir tun?

Wir sind alle verschieden

Anmerkungen für die Lehrkraft

Lernziele

Die Schüler sehen ein, dass niemand ganz genauso ist wie man selbst und dass jeder ein Recht darauf hat, geachtet zu werden.

Hintergrundinformationen

Die Schüler haben ein Recht darauf, in ihrer Individualität, eingeschlossen Rasse, Geschlecht, Kultur und körperliche sowie geistige Verschiedenheiten, akzeptiert zu werden. In dieser Einheit geht es hauptsächlich um die Toleranz anderen gegenüber.

Diskussionspunkte

Verwenden Sie dieselbe Spalteneinteilung wie oben auf dem Arbeitsblatt von Seite 61. Lassen Sie die Informationen von den Schülern eintragen und vergleichen. Stellen Sie abschließend heraus, wie unterschiedlich die Persönlichkeitsmerkmale der Kinder in Ihrer Klasse sind.

Wissen Sie, dass ...

... Opfer von Schikanen sich eher an ihre Eltern als an ihre Lehrer wenden?

Wir sind alle verschieden

Wir haben alle VERSCHIEDENE Größe und Figur.

Unsere Haare, Augen und unsere Haut haben VERSCHIEDENE Farben.

Wir tun alle gern VERSCHIEDENE Dinge.

Niemand ist ganz genauso wie ich.

❶ Suche dir in der Klasse einen Partner, mit dem du selten redest oder spielst. Vergleiche seine/ihre und deine Angaben und trage die Ergebnisse für euch beide in deine Liste ein.

Zeichne deinen Partner und dich.

Ich: _____ Mein Partner: _____

	Haarfarbe	
	Augenfarbe	
	Hautfarbe	
	Lieblingsspeise	
	Lieblingsbeschäftigung	
	Lieblingsfernsehsendung	
	Wissenswertes über euch beide	

Niemand hat das Recht, einen anderen zu schikanieren, weil er anders aussieht oder gern andere Dinge tut.

Was können wir tun?

Reden und zuhören

Anmerkungen für die Lehrkraft

Lernziele
Die Schüler verstehen, dass es eine Zeit zum Reden und eine Zeit zum Zuhören gibt.

Hintergrundinformationen
Der indianische „Sprechstock" kann dazu verwendet werden, beim Zuhören und Kommunizieren Toleranz zu lehren und zu praktizieren: er stellte bei vielen Stämmen sicher, dass jede Person Gelegenheit bekam, ihre Gedanken, Gefühle, Ideen und Meinungen mitzuteilen. Nur die Person, die den Stock hielt, durfte sprechen und währenddessen wurde von allen anderen erwartet, dass sie respektvoll zuhörten.

Wenn Sie den „Sprechstock" in Ihrer Klasse einsetzen, dann bestehen Sie nicht darauf, dass jeder Schüler etwas sagen muss, wenn er das nicht möchte. Zurückhaltendere Schüler brauchen unter Umständen mehr Zeit, um das nötige Selbstvertrauen zu gewinnen.

Diskussionspunkte
1. Einige Leute sind gute Redner, andere sind gute Zuhörer und einige können beides gut. Fragen Sie Ihre Schüler, wie sie sich selbst einschätzen.
2. „Was passiert, wenn alle gleichzeitig reden?"
3. „Glaubst du, dass der ‚Sprechstock' eine gute Idee ist?"
4. „Meinst du auch, dass es eine Zeit zum Reden und eine Zeit zum Zuhören gibt?"

Wissen Sie, dass ...
... Kinder, die entweder selbst schikanieren oder schikaniert werden, in der Regel mangelnde soziale Kompetenzen und Probleme im Elternhaus haben?

Reden und zuhören

❶ Was würde passieren, wenn alle in der Klasse zur gleichen Zeit redeten?

_____

_____

> Es gibt für jeden eine Zeit zum **Reden** und eine Zeit zum **Zuhören**.

❷ Was machst du, wenn du im Unterricht etwas sagen möchtest?

_____

_____

Hast du gewusst, dass es bei den Indianern einen „Sprechstock" gab? Nur die Person, die den Stock in der Hand hielt, durfte sprechen. Auf diese Weise kam jeder an die Reihe und konnte reden, während die anderen zuhörten. Wenn die Person mit dem Stock zu Ende gesprochen hatte, gab sie ihn weiter.

Vielleicht könnt ihr so einen „Sprechstock" auch in eurer Klasse verwenden. Ihr könntet dazu ein Lineal oder einen dicken Stock hernehmen.

❸ Schreibe in den Kasten, was du gern sagen würdest, wenn du den „Sprechstock" in der Hand hättest. Euer Lehrer schlägt euch ein Thema vor.

Euer Thema: _____

Was können wir tun?

Regeln aufstellen

Anmerkungen für die Lehrkraft

Lernziele

Die Schüler verstehen, wie wichtig es ist, Regeln zur Konfliktvermeidung aufzustellen, und wann und wie die Festlegung erfolgen sollte.

Hintergrundinformationen

Wenn man vor dem Beginn eines Spiels klare Regeln aufstellt und darauf achtet, dass sie für alle Beteiligten so fair wie möglich sind, hilft man damit, der Entstehung möglicher Konflikte vorzubeugen.

Eine Person, die andere schikaniert, versucht unter Umständen, Regeln zu ihren Gunsten abzuändern.

Diskussionspunkte

1. „Warum sind Regeln wichtig?" „Was würde geschehen, wenn es gar keine Regeln gebe?"
2. „Für welche Gelegenheiten stellen wir Regeln auf?" (Die Schüler sollen mehrere Beispiele nennen.)
3. „Wann ist die beste Zeit, die Regeln für ein Spiel festzulegen?"
4. „Ist es dir schon einmal während eines Spiels passiert, dass jemand mittendrin die Regeln ändern wollte?" „Wenn ja, wie hast du dich dabei gefühlt?" „Warum wollte diese Person wohl die Regeln ändern?" „Ist so etwas fair?"
5. „Was, glaubst du, wird als Nächstes auf dem Bild unter Nummer 4 deines Arbeitsblatts (Seite 65) passieren?" Die Schüler könnten diese Situation und mögliche Folgen im Rollenspiel darstellen.

Wissen Sie, dass ...

... Schüler, die andere schikanieren, dies so lange tun werden, bis sie neue Verhaltensweisen angenommen haben? Bis zu 60 % der Kinder, die schikanieren, sind im Alter von 24 Jahren schon mindestens einmal vorbestraft.

Regeln aufstellen

Regeln sind dazu da, damit jeder das, was er tut, sicher und ungestört tun kann.

Regeln können für den Unterricht in der Klasse, für den Pausenhof und das Schulgelände, für den Haushalt, für Spiele und für den Straßenverkehr aufgestellt werden.

❶ Was würde passieren, wenn es gar keine Regeln gebe?

_____

_____

❷ Stelle dir vor, du würdest mit deinen Freunden „Fangen" spielen. Wann wäre wohl die beste Zeit dafür, Regeln aufzustellen?

| vor dem Spiel | mitten im Spiel | am Ende des Spiels |

❸ Wie würdest du dich fühlen, wenn jemand dauernd versuchen würde, die Regeln zu ändern?

froh ☐   bekümmert ☐   traurig ☐   wütend ☐   ängstlich ☐

❹ Harald ist beim Völkerball abgeworfen worden. Schreibe in die Gedankenblasen, was sich deiner Vermutung nach jede Person denkt:

(Sprechblase: „Ich bin NICHT draußen!")

Denke daran: Regeln sollten für alle Beteiligten fair sein.
Jeder sollte sich an die Regeln halten.

Was können wir tun?

Sich austauschen und die Reihenfolge einhalten

Anmerkungen für die Lehrkraft

Lernziele

Die Schüler verstehen, dass eine Zusammenarbeit, bei der sie sich austauschen und die Reihenfolge einhalten, dazu beiträgt, Konflikte zu vermeiden.

Hintergrundinformationen

Wenn die Schüler im Unterricht häufig Kooperation in Form von gegenseitigem Austausch und Einhalten der Reihenfolge einüben, wird ihnen dadurch vermittelt, wie wir andere behandeln und umgekehrt von ihnen behandelt werden sollen.

Eine Person, die andere schikaniert, versucht unter Umständen zu umgehen, dass sie die Reihenfolge einhalten und sich mit anderen austauschen muss.

Diskussionspunkte

1. „Wie können wir uns anderen gegenüber rücksichtsvoll verhalten?" (Sammeln Sie dazu die Anregungen der Schüler.)
2. „Wie nimmst du in der Schule auf andere Rücksicht?"
3. „Wie nehmen die Kinder auf den Bildern deines Arbeitsblatts (Seite 67) Rücksicht aufeinander?" „Was sagen wohl die Kinder auf den Bildern zueinander?"
4. „Auf welche Weise arbeiten die Kinder auf den Bildern zusammen?"

Die Schüler können die abgebildeten Situationen in Paaren oder Kleingruppen durchspielen.

Wissen Sie, dass ...

... die Körpersprache ein wichtiger Teil der Kommunikation ist? Psychologen erklären, dass der Eindruck, den wir auf andere machen, zu 7 % auf dem, **was** wir sagen, zu 38 % auf dem, **wie** wir es sagen und zu 55 % auf unserer **Körpersprache** (nonverbale Sprache) beruhen.

Sich austauschen und die Reihenfolge einhalten

Rücksichtsvolle Leute leihen anderen ihre Sachen.

❶ Schreibe Worte in die Sprechblasen, die zeigen, wie die beiden Kinder ihre Sachen gemeinsam benutzen.

Wenn man sich gegenseitig Sachen leiht und sich austauscht, ARBEITET man ZUSAMMEN.

Rücksichtsvolle Leute halten die Reihenfolge ein und achten darauf, dass jeder drankommt.

❷ Schreibe Worte in die Sprechblasen, die zeigen, wie diese Kinder die Reihenfolge einhalten.

Wenn man die Reihenfolge einhält, ARBEITET man ZUSAMMEN.

❸ Was bedeutet ZUSAMMENARBEITEN?

_____

_____

❹ Arbeitest du gut mit anderen zusammen?   (Ja) (Nein)

Was können wir tun?

Ein guter Freund sein

Anmerkungen für die Lehrkraft

Lernziele
- Die Schüler verstehen, wie sie einem neuen Schüler in ihrer Klasse ein gutes und sicheres Gefühl geben können.

Hintergrundinformationen

Wenn ein Schüler an eine neue Schule kommt, kann es schwierig für ihn sein, neue Freunde und eine Gruppe, zu der er passt, zu finden. Einige Mitschüler nutzen eventuell die Unsicherheit des Neuen aus und hacken auf ihm herum oder schikanieren ihn sogar.

Wenn man mit den Schülern Interaktionsmöglichkeiten mit neuen Mitschülern bespricht und sie dazu ermuntert, trägt man dazu bei, eine positive, einladende Atmosphäre zu schaffen, in der die Schüler offener auf den Neuen zugehen und verstehen, wie er sich möglicherweise fühlt.

Diskussionspunkte

1. „Bist du schon einmal umgezogen?" „Hast du dabei die Schule gewechselt?" „Wie hast du dich dabei gefühlt?" oder „Wie fühlt man sich wohl dabei?"
2. „Wie, glaubst du, fühlt sich Matthias anfangs in seiner neuen Schule?"
3. „Wie könntest du Matthias zur Begrüßung ein gutes Gefühl geben?"

Die Schüler können die Situation in Zweiergruppen als Rollenspiel darstellen.

Wissen Sie, dass ...

... Kinder von Schikanierern oft selbst zu Schikanierern werden und als Erwachsene wahrscheinlich weiterhin andere schikanieren werden, wenn sie keine Hilfe bekommen?